岩波現代文庫

学術 128

加藤周一・木下順二
丸山真男・武田清子

日本文化のかくれた形《かた》

JN285175

岩波書店

目　次

まえがき
——日本文化のかくれた形《かた》——

武田清子

「日本文化のアーキタイプスを考える」をテーマとしての連続講演会を、私どもが、国際基督教大学アジア文化研究所として開催したのは、一九八一年六月のことである。幸い、加藤周一、木下順二、丸山真男の三氏がお引受け下さり、上記テーマをめぐって、それぞれに自由にお話しいただいた。「かくれた形《かた》」(アーキタイプス)の概念をどのような意味で用いるかというようなことには、何ら打合せや合意なしに、むしろ、それぞれの方の考えられるままに、自由に話していただくこととした。その方が、日本文化のアーキタイプス(かくれた形《かた》)と考えられるものの内容、特質、あるいは、それをとらえる方法、概念などにまでわたって、豊かな視点やアプローチが示されて興味深いのではないかと考えた次第である。

ところで、私どもがこの講演会(研究会)を計画したとき、私どもは、スイスの心理学者で精神医学者、カール・G・ユング(Carl G. Jung)の用語「アーキタイプス」(これについては、あとで少しくわしくふれる予定である)を、それに厳密に即して――というよりも、それをはみ出しても――思想史の研究、特に、日本文化、思想史が底ふかくに内包する、ある特質の考察を進める上に、一つのキー・ワードとして利用し、集団的無意識の領域にかかわる思考様式、価値意識についての考察のアプローチをさぐりたいと考えたのであった。そして、「日本文化のアーキタイプスを考える」の表現でテーマをかかげた。

上記のような研究会を進めながら、それと並行して私は、「アーキタイプス」(archetypes, Archetypus)ということで私どもが問おうとしていた概念を日本語でどう表現することが適当かということを考えつづけてきた。従来、心理学者、精神分析学者の間で、ユングの「アーキタイプス」の訳語として用いられてきたのは、範型、元型、原型、原像などである。しかし、こうした日本語の用語は、複数形のない日本語の故――という面もあるかとは思えるのであるが――単一の基本的な、そして、固定した型を意味するという印象を与えるようにも思える。ところが、ユングは、複数のアーキタイプスを考えている。しかも、それは、「集合的(集団的)無意識」の領域を問題にする概念であるから、その

〝洞察〟を思想史の研究に援用してみたいと思うわけである。それを手がかりとして、日本の文化・社会の奥底深くに横たわる思考様式、価値意識、行動様式の問題を考察しようとする時、適当な日本語の用語を設定したいというねがいを持っていた。木下順二氏に一緒に考えていただくようお願いして大分日もたつのであるが、最近、二人で話しあっている中で、ようやくたどりついたのが「かくれた形《かた》」である。その間の思考のプロセスをもう少しくわしく説明すると、はじめ、木下順二氏と私とが考えた表現は、「かくれた型」ではどうかということであった。しかし、丸山真男氏にご相談したところ、「型」は固定的な感じがする。「形態」ではどうかとの御意見だった。木下氏とまた考えあって、「日本文化のかくれた形《かた》」にたどりついた。丸山氏も、「あとはまかせますよ」ということになったのである。そして、加藤周一氏も「異存はありません」といわれ、今回は、この表現をとることとした。よりよい用語がみつかれば、また、訂正したいと考えている。

なお、加藤、木下、丸山の三氏の講演は必ずしもユングのアーキタイプスを前提としてこれを日本文化に適用することを意図したものではなく、自由にそれぞれの領域で、それぞれの問題意識や歩んで来られた途に沿いつつ、「かくれた形《かた》」を語られたものであることをここで断っておきたい。

日本人の発想形態、内発的思考様式の特質を考える時、集団的(集合的)無意識の基層における、あるタイプ、あるパターンの思想と行動の様式があるということがしばしば指摘されてきた。それを否定的なものとしてとらえるか、手放しに肯定的な要素としてとらえるか、あるいは、価値判断を保留して客観的事実としてとらえるかのちがいはあるにせよ、この集団的無意識の基層をとらえようとする試みがいろいろとなされてきた。そして、そこには、一つの共通の仮説があるように思える。それは、非合理的な、日本特有の特殊主義的、閉鎖的性格をもつものと考えられることが多い。家族主義的共同体観に立った集団主義、ムラの長が同時に宗教的権威でもあるといった、神人合一信仰を中心とする共同体観、シャーマニズム(呪術)、ムラの原理、天皇制的価値意識といったものの支配する領域が、意識においても、社会関係においても根強い。このことは、戦後から最近にいたるまで、いろいろの形で指摘されてきた問題である。こうした問題を論じるものに、中村元氏の「日本人の思惟方法」(『東洋人の思惟方法』みすず書房、一九四九年)、神島二郎氏の『近代日本の精神構造』(岩波書店、一九六一年)、堀一郎氏の『日本宗教の社会的役割』(未来社、一九六二年)、『民間信仰史の諸問題』(同上、一九七一年)等々の労作があることはいうまでもない。

佐伯彰一氏、堀一郎氏、宮本忠雄氏らの対談集『ふたつの日本』(集英社、一九七三年)の「宗教的特性と日本的アイデンティティ」「深層の日本的性格」などもその一例である。公的なもの、たてまえと対照して私的なもの、本音が対置され、インテリの知的頑張りともいうべき合理主義的、規範的なものに対して、心情的、非合理主義的なものが対置される。そして、シャーマンのようなカリスマ的、呪術的なものに自己を委譲する情感的文化に日本文化の深層、セルフ・アイデンティティのよりどころ、集団的無意識の基層を見る視点が、これらの対談には提示されている。

堀一郎氏は「日本のシャーマニズム」(『民間信仰史の諸問題』未来社)の中で次のように述べている。

「日本人は合理的思考よりは、イラショナルな、そして、理性的というよりはエモーショナルな性格が持たれていること、従って、きわめて小さなスケールでの、一時的な内部燃焼(逆上)がおこりやすく、人格委譲が容易になされ得る性格を示すもののようである。……天皇制が日本社会のすみずみに浸透して、いたるところに小天皇制を形成していることや、日本宗教の特色として、神人合一の観念や祖先や目上の者に対する恩と報恩の強調、エリオットを驚かせた死者を『ホトケ』とよぶ民間用語に象徴されるような人間の容易な神化現象を考えてみると、潜在的な呪的カリスマの機能はいぜん民衆の間に根強く存在していることが知られる。」(一六一―一六二頁)

そして、堀一郎氏は、当時のイデオロギー的激情の沸騰する学園紛争の行動様式、そこに内在するものの分析を上記とつないで次のように述べている。

「わたくしは現代の新宗教運動やイデオロギーによってかき立てられている激情的な動向のなかに、近代化を装い、マルキシズムやマオイズムの借物衣裳を身につけた古代の呪的カリスマとしての指導者と、この呪術宗教的カリスマ支配に一時的、心情的に人格委譲し、その支配に服従しようとするシャーマニズム的な『聖』の弁証法の、両局に分化した残存現象をかいまみるように思うのである。日本人の精神構造における古代シャーマニズムの影は意外に濃く、ふかいものがあるようである。」(一六三頁。この論文は、『世界』一九六八年七月号よりこの書物に収録されている)

これらはほんの二、三の例であるが、こうした論説は、日本文化の特質についての考察にいろいろと重要な示唆を与えてくれるものである。

さて、ここで、ちょっとふれておきたいのであるが、私どもが、日本文化の「かくれた形《かた》」という表現で問おうとしていることは、日本文化の無意識の深層ともいえるふところ深くに内包された日本独自の特質を問うことである。それと共に、そこには、その特殊性において、日本民族といった特定の文化圏の枠を超えて、人類的価値につながりうるような、ある「かくれた形《かた》」(アーキタイプス)も内包されていないか。人間を真に人間であらしめるような〝価値〟への郷愁、あるいは、渇望を秘めたような、「ある形《かた》」も、その深みにはかくされてはいないか——といった問い(模索)も、実は、同時に含まれているのである。しかし、そのことについては、あとでふれたいと思う。

「かくれた形《かた》」の模索、考察のプロセスにおいて、視点を、まず方法論の問題にむけよう。日本民族の文化・思想のふところ深くに内在する特定のパターン、ある特質を、思想史の方法論の課題として問う考察の一つに、丸山真男氏の「古層」の概念がある(「歴史意識の『古層』」『歴史思想集』筑摩書房「日本の思想」第六巻、一九七二年)。この概念については、本書の中で丸山氏ご自身によって語られているので、ここで詳述することは省略するが、宗教的な超越者にも、自然法的普遍者にもなじみにくい日本のカルチュアにおいて、歴史が歴史形成に参加する人格の決定の積み重ねとしてつくり出されるものではなく、非人格的な、大きな時間の流れの「いきおい」として、「おのずからなる」ものと考えられる歴史観を問題にしている。無窮の連続性、血脈(むろん文字通りの意味でなく、フィクションも含む)の系譜的連続における無窮性が、日本人の歴史意識の「古層」として、永遠者の位置を占めてきたと丸山氏はいう。この『歴史思想集』の別冊として同時に公刊された加藤周一氏と丸山真男氏の対談「歴史意識と文化のパターン」は、この問題を更に興味深く論じている。

日本文化・思想史の深層に潜在する「古層」の本質を究明しようとする丸山氏の方法論、問題意識は、同氏の『日本政治思想史研究』(東京大学出版会、一九五二年)における「自然」と「作為」の概念設定と相表裏するものだといえよう。この本において、丸山氏が、自然的秩序観から作為的秩序観への移行、即ち、所与として先在する秩序に基づいて行為する人間から、個人が自由意思によって作り出す秩序への移行、主体的に行為する人間への旋回、推移を、近代化への方法概念として用いていることと、実は、同じ問題であり、一つの文化的、社会的特質を表と裏とからあぶり出そうとするものだと私には思える。

更に、一九七七(昭和五二)年十月、丸山氏は、国際基督教大学、アジア文化研究所主催の国際シンポジウム「近代アジアにおける宗教と文化・社会の変容」(International Symposium: "Religion and Socio-Cultural Transformation in Modern Asia")において、

「〃まつりごと〃の構造」("The Structure of Matsurigoto――Things Religious and Things Governmental――")と題する特別講演をして下さったが、その中では、「古層」ではなくて、「バッソ・オスティナート」という音楽的用語が用いられていた。これは、中国の政治思想と制度を受容して成立した律令制における日本的変容を素材として、中国の政治思想と制度をそう変えさせた内在的なある種のパターンについての考察であった。中世、および、ルネサンス音楽の専門家、皆川達夫氏にうかがったところによると、「主旋律」に対する「通奏低音」(basso continuo)は、主旋律と低音との間をハーモニーをもってうめてゆくものであるが、「執拗低音」(basso ostinato)は、同じメロディを何度も何度も繰り返すのであって、そうしつつ主旋律を微妙に変えることがしばしばあるとのことである。

ここに収録した丸山真男氏の講演は、第二次大戦後の氏の日本思想史研究における「方法論」についての歩みを、「原型」から「古層」へ、そこから更に「執拗低音」(バッソ・オスティナート)へと移行・発展する学問的自伝の一側面をたどるものであり、非常に興味深く、かつ、重要な示唆に富むものである。

日本文化の重層性については、つとに、和辻哲郎氏が一九三四(昭和九)年に論文「日本精神」の中で述べている(『続日本精神史研究』岩波書店、一九三五年、全集第四巻)。この論文の中で和辻氏は、日本文化の一つの特性は、さまざまの契機が層位的に重なっていることに存するといい、一ドイツ人が日本を並存(Nebeneinander)の国としたことに同意を示す。「日本人ほど敏感に新しいものを取り入れる民族は他にないと共に、また日本人ほど忠実に古いものを保存する民族も他にはないであらう。(中略) 衣食住の様式の重層性は日常生活の現象として何人も熟知するところである」というと共に、「曾て武家階級が支配階級に成り上つた時に、否定せられた支配階級は公家階級として保存せられ、しかも古い伝統の保持者、文化上の貴族として尊敬せられた」(六〇―六一頁)と、歴史の変化においても重層性がみられることを指摘している。

一九三四(昭和九)年という、日本精神が高揚され、やがて、国体明徴思想が強調されてゆこうとする時期にあって、「日本精神」の表題で書かれた和辻哲郎氏のこの論文は、全く保留なしにというわけではないが、明治以後、西洋文化の吸収によって重層的な日本文化の特性を理解せず、それを否定してきた日本の啓蒙主義者への批判の視点をもって書かれていることは事実である(五九頁)。そして、和辻氏は、こうした日本精神の自己認識こそ、「日本民族がその世界史的な使命を遂行するために欠くべからざるもの」(七二頁)だとしているのである。

第二次世界大戦後の日本の民主化過程をふりかえる時、天皇制ファシズム、軍国主義的超国家主義の国是を批判し、それの克服と民主化を目ざす歩みにあって、人権無視の軍国主義、超国家主義を否定することが、日本の伝統文化の全否定をも意味するかのような様相を伴った面もなくはなかった。そして、それに対する反動として、戦後の民主化、近代化を無力視し、それを全面的に否定して、伝統的なるもののまるごとの肯定・復活を提唱する波が擡頭してきているようにも思える。

そのような現実にあって、日本の伝統文化・思想を、超越的価値観・世界観の光に照らし出しながら、その特質を冷厳に把握しようとしてきた思想家という点では丸山真男氏も木下順二氏もそうであるが、そのもう一人が、加藤周一氏だといっていいであろう。

加藤周一氏は、その著書『日本文学史序説』(『朝日ジャーナル』一九七三年一月、『著作集』4、平凡社、一九七九年)の「日本文学の特徴について」の中で、次のように述べている。日本文化のあらゆる領域に成立した歴史発展の型として、新しいものが受容される場合、新旧の交替となってゆくよりは、古いものに新しいものが加えられるという発展の型が原則をなしている。「超越的な価値を含まぬ世界観は、排他的でない。故に新を採るのに、旧を廃する必要もない。しかも、新思潮が外部から輸入された場合には、内発的変化の場合と異り、土着の世界観の持続性がそのために害われるおそれは少なかった筈である」(『著作集』4、三八頁)とする。そして、日本人の世界観の歴史的な変遷は、多くの外来思想の浸透によってよりも、むしろ、具体的な感情生活の深層に働くところの土着の世界観の執拗な持続と、そのために繰り返された外来の体系の「日本化」によって特徴づけられると述べている。

このような執拗な持続性にみられる、感情生活、意識の深層に堅持する土着の世界観の特質、いいかえれば、日本の社会・文化の深層に内包された基本的特徴は何であるか？

加藤周一氏は、「日本文化のアーキタイプス」をテーマとするこの講演において、(1)競争的な集団主義、(2)現実主義、文化の此岸性、(3)時間の概念における現在主義、(4)集団内部の調整装置としての象徴の体系の極端な形式主義、および、極端な主観主義、(5)外に対する閉鎖的態度をあげている。

ここに収録した講演には、こうした日本文化の深層に内在する特質が、非常に説得的に述べられている。

木下順二氏は、ドラマとは本来、「作者と超越者との対峙の生みだす緊張を劇中人物の行動の基礎にするものだ」(「どこにドラマは成り立つか 1」『ドラマとの対話』講談社、一九六八年)と考える劇作家である。「戯曲というものは、劇作家が、人間の力を超えるなにものかと緊張感を以て対峙しているという地点からしか生産されないものであるだろう……人間の力を超えるなにものかと緊張感を以て対峙している地点から生産されていないならば、どのように精緻な会話とどのように巧妙な構造を持った戯曲らしい作品も戯曲とは呼べないだろう」(「劇作家の生命について」『ドラマとの対話』)ともいっている。

木下氏は、この度の講演において、「日本文化のアーキタイプス」、「かくれた形《かた》」の考察にあたって、能の「複式夢幻能」をとりあげ、自然主義的な写実主義によるリアリティではない次元のリアリティ、それなしにはドラマが成り立たないところの、リアリズムの基礎となるリアリティを問題にしている。世阿弥の作とされている『井筒』と『実盛』という二つの複式夢幻能をとりあげて、前場《まえば》のリアリズムに対して、後場《のちば》のシテの能演技が、二百年前の在原業平の妻が、今、夫を恋うているかのような、その非現実性にもかかわらず、非常に純粋に凝縮された一つの情念を創出するとき、舞台の片すみに坐っているワキにとって、それが実にリアルに思える。ワキがそれをリアルと感じて受けとめる時、見所《けんじょ》のわれわれ見物人にとってもそれがリアルと受けとめられる。このように、ワキは能の実在性を保証する重要な役を果すと木下氏はいう。そして、能楽師は、「実盛になったり、時には状況を語ったり、時には運命そのものであったり、時には別の役、時には自然そのもの、あるいは、すべてのものであったりする。」そして、舞台の上の何ものかから何ものかへ常に移り変りながら、しかも、そのどの一つにも没入することがない。そのようにして、物語の中の一人の主人公の心理や性格を超えて、世界全体を同時に描くことの可能な存在が能楽師だと木下氏はいう。このように、複式夢幻能は、あり得ないものをまさにリアルなものとして感じさせる仕掛けをもっているともいい、また、能は、自分であり、同時に他人であることを得しめるドラマの系譜にあるものともいっている。

ここで注目すべく、興味深いことは、木下氏は、「日本文化のアーキタイプス」の一例として、「複式夢幻能」を取上げて語りつつ、日本文化にのみ独自な「かくれた形《かた》」を問題にしているかと思うと、実は、そうではないことに気づくのである。人間を超えた神と相対峙しての苦闘のはてに、目を潰してしまうことによって、目が見えた時には見えなかったものがはじめて見えてきた「オイディプース王」、王を殺し、まわれ右がきかなくなり、とりかえしのつかなくなっている自分を、両側の並木が自分の目になって自分を見ているかのように、ずっと自らを見ながら転落していく「マクベス」、それらと共通に、他者の位置、人間を超えたところから人間自身を見る、緊張感にみちた視点をふまえた「ドラマ」性を、木下氏は問うているのである。ここでも、「ドラマには、人間と人間を超える力とが相対峙しているところに漲《みなぎ》る緊張感が基本だ」と述べている。

そして、こうした「人間」をもう一つの存在——他者、超越者——の眼から見ることによって、人間のほんとうのリアリティを認識するという課題は、木下氏のドラマ『子午線の祀り』における知盛と彼自身の分身でもある影身《かげみ》との対話にもみられる。敗れて壇の浦の海に身を投じようとする知盛、「わが心は修羅だ」という知盛に、その非情な現実を、永遠なるものの前にしかと眼を据えて見よと影身はいっている。この知盛と影身との対話には、同じ問題がとらえられているように私には思える。

世阿弥の作といわれる「複式夢幻能」を取扱うこの講演において、木下順二氏は、「自分であると共に、同時に他人であることを得しめ、舞台の上の何ものかから何ものかへ移りながら、そのどの一つにも没入することがない」——といった「能」における一種の自己超越が、何を契機としているかという点は明らかにしていない。しかし、「日本文化のかくれた形《かた》」のふところに、超越的なるものの前に、それと緊張関係を保ちつつ、「人間」の真のリアリティを問うという、普遍的課題が内包されているのではないかという問題を、余韻として残し、問いかけているものと私には思えるのである。

以上、加藤周一、木下順二、丸山真男の三氏の講演は、「日本文化のかくれた形《かた》」(アーキタイプスともいえるもの)の考察に明確な答えをすべて与えるものとはいえないであろう。しかし、「日本文化のかくれた形《かた》」を模索する者に対して、方法論の課題において、また、その特質のとらえ方において、興味深い視点と重要な洞察を与えてくれるものと思うものである。

Ⅰ　日本社会・文化の基本的特徴

加藤周一

中国や西洋と比較して、時にはその他の社会と比較して、日本の文化と社会、あるいは日本人の行動様式、あるいはその背景にあると思われる日本人の意識の構造、そういうものにある種の特徴があると言われてきました。たしかによそにはなくて、日本にしかありそうもないこと、そういう現象があります。たとえば地下鉄の駅に拡声器があって、「ドアが閉まりますから、挟まれないようにご注意下さい」という。故障のない限りドアは閉まるに決っているわけで、日本以外の社会でならば、閉まらない時には、アナウンスすると思いますけれど、閉まる時にはいちいち言わない。まして挟まれないように気を付けろ、というのは、おそらく幼稚園の遠足の場合にかぎるでしょう。またたとえば、政治的な面では、明治以後の天皇制も独特でしょう。最高の権威があって、実権がない。万事の責任者であって、何事にも責任がない。そういう型が、社会のさまざまな水準の、さまざまな組織に共通しているということ。とにかくそういう風に日本の社会文化の特徴がいくつも指摘されてきたけれども、それをどういう観点から統一的に理解することが出来るか。どういう特徴が基本的で、そこから他の特徴が導きだされるか。列挙されたさまざまの特徴を備える日本の社会または文化を、一つの統一ある全体として理解するためには、どういう「パラダイム」というか、どういう原理を使って説明することが出来るだろうか。これが私の今日《きょう》の問題です。

そこで私はこういうことを考えてみました。第一には、競争的な集団主義(competitive groupism)。競争は、集団相互の間でも、一集団の成員相互の間でも、激しい。inter-group および intra-group の競争によって特徴づけられるような集団志向性です。第二には、そのことと関連して、現世主義(this-worldliness)。これは文化の此岸性といってもよいでしょう。日常生活の現実の外の、またはそれを超える価値や権威に、責任をもって係わらない(commit しない)ということです。向う側、彼岸でなくて、こちら側、此岸に係わる。第三には、時間の概念に関連して、現在を貴ぶ態度。あまり昔のことを心配しない。まあ昔のことは誰も心配しないかも知れないけれど、都合の悪いことを早く忘れる。個人が忘れるばかりでなく、集団的にも早く忘れるので、一種の国民的健忘症(national amnesia)です。また未来のこともあまり心配しない。要するに、現在に生きる。「今此処」が大事だということになります。以上の三つのこと、競争的集団主義と、此岸性と、現在主義。それからもう一つ、集団内部の調整装置としての、象徴の体系がどういう風になっているかということ、この四つの点について話したいと思います。最後に、日本社会の持っている今言ったような特徴が、外に対する時はどういう形で表われて来るかということ、つまり対外的態度について付け加えたいと思う。これはちょっと次元の違う問題です。初めの四つは密接に関連した内的な構造だと思いますけれども、それが外に対してはどうなるのか、それが最後の問題になるのでしょう。

1

そこで第一の集団主義ですが、日本の集団の原型を、二つ考えてみましょう。その一つは「家」です。家族主義、これはいろいろな形で指摘されています。たとえば社会法学的な立場から、第二次大戦後早く、川島武宜さんが言われた。人類学的な材料から、中根千枝さんも、「家モデル」を中心にして日本社会の集団主義を考えています。もう一つは、「ムラ」です。「ムラ」の理想型を考えて、それを日本社会の集団性を説明するための「パラダイム」として使う。もちろん「家」と「ムラ」とは少し違うところがあります。「家」の場合には、よほど稀な例外を除けば、家族の一人を追い出すというようなことはありません。村の方はそうでないんで、規則に合わないやつを外に出す。貝殻追放、日本語でいえば村八分です。そういうことを含めて、今「ムラ」のモデルを考えると「ムラ」集団の第一の特徴は、その中での conformism です。みんなが一緒に同じようにしたい。伝統的な地域社会だけでなく、現在の企業でも、運動競技のティームでも、ある程度までは大学でも、そうでしょう。国全体にもそういう傾向がある。みんなが同じようなことをして、同じような意見をもつのが理想です。第二の特徴は、意見の一致が理想だから、少数意見は望ましくない。少数意見の存在は、不幸な事故とみなされ、極端な場合には、そういう意見をもつ成員を集団の外に追い出す。村八分にするわけです。要するに少数意見を含んだ集団ではないということが、第二の特徴です。

第三の特徴は、集団内部の構造が、しばしば、厳格な上下関係によって成り立っているということ。上下関係だから、「垂直」の秩序ともいえるでしょう。しかし日本の「ムラ」集団の構造には、「水平」の面もあると思います。日本の伝統的な農村の中に、たとえば、若者や娘の集りのように、横の関係もあった。古くから日本の「ムラ」の中には、「水平」

の人間関係も入っていたわけで、「ムラ」の秩序は、本来、縦と横です。イギリスの社会学者のR・P・ドーアさんが、日本の集団の構造は、全く「垂直」でも、全く「水平」でもなくて、「斜め diagonal」の人間関係だといったことがあります。簡単に言えばそういうことになるでしょう。詳しく言えば、「斜め」と言うよりも、ある面には「垂直」要素があり、ある面には「水平」要素があって、時と場合に応じて、どちらかの要素が強く出てくるということだろうと思います。そういう伝統的な「横」の構造からは平等主義が出て来やすい。「自由・平等・博愛」というときの「平等」は、たしかにアメリカ占領軍が、民主主義の原理として強調しました。しかしその前から、日本の集団の中に「水平」要素、一種の潜在的な平等主義がなかったわけではない。これは、おそらく大事な点だろうと思います。そもそも明治維新が徳川時代の身分制度を破って、人間関係の平等化の方向へ一歩を進めたわけです。その後に、一九四五年以後、現行の憲法や民法が、さらに平等主義を徹底させた。法的にみても平等主義は、だんだんに進んで来たので、占領下でいきなり進んだのではない。第一段階は明治維新、第二段階は占領下にはじまった戦後の平等主義、ということになります。それが徹底したのは、単に占領軍が押しつけたからではなく、元来こちら側というか、日本の土壌に平等要素があったからでしょう。そう解釈しないと、戦後日本の平等主義――経済的・社会的・文化的な――が十分に説明されないと思います。殊に「平等」は徹底して、「自由」は徹底しない、という独特の組み合せが、説明されません。「自由・平等・博愛」の「自由」、個人の自由の方は、伝統的な集団主義と真向から対立し、従ってタテ前の「自由主義」、人権尊重にもかかわらず、実際には日本社会に徹底しなかったと思います。戦後の改革が総じてアメリカの押し付けにすぎないと言う人は、非常に大ざっぱです。もちろんそういう面もあるけれども、改革の中で日本の社会に本当に定着した部分は、元々そういう地盤のあったものです。要するに平等主義は定着した。しかし人権とか、少数意見の尊重とか、個人の自由とか、そういうことは定着しなかった。なぜなら伝統的地盤がなかったからです。「博愛」についていえば、これはあまりいい訳語ではなかったかも知れません。フランス革命の fraternité は、兄弟愛といった方が語源に忠実でしょう。とにかく横の関係です。それを集団の団結みたいなものに考えれば、おそらくフランス革命の時には、フランス国民の団結ということも意味していたはずです。そういう意味にとれば、具体的には、国民的団結で、これは日本国には、あり過ぎる程あるでしょう。そういうことが、日本の状況だと思うんですね。

第四の特徴は競争です。集団主義は、日本だけじゃなくて、たとえばアジアの多くの社会にそういう傾向が強い。今かりに個人主義的な社会と、集団主義的な社会という言葉をつかえば――個人主義という言葉もいろいろに解釈できると思うけれども――、個人主義的な傾向が強かったのは、西ヨーロッパと北アメリカでしょう。北アメリカの中でも、東北部殊にニュー・イングランドでしょう。その他の社会の多くは、集団主義社会です。ですから、集団主義的社会と個人主義的社会との対照は、日本の社会を西ヨーロッパ・北アメリカの社会から鋭く区別するために役立つけれども、アジアの社会から区別するためには役立たないだろうと思う。それならば、日本の社会は、他の多くのアジアの社会と、どういう点で違うか。それは今日の日本の集団が激しく競争的だということではないでしょうか。まず集団相互の競争が激しい。たとえばニッサンとトヨタ。京都大学と東京大学。集団の中でも自分が出世するために、他の人と競争して、休暇もとらない。そういう競争のいちばん単純な形は、スポーツの試合です。他の人より速く走るとか、速く泳ぐとか、目的は単純ではっきりしている。またその目的を達成するための手段または手続きについて、明瞭な規則がある。日本の典型的な集団はどれも、スポーツの場合と同じように、何らかの領域で同じ目標を認め、特定の規則に従って、その目標を達成しようとして競争している。そうすることが、集団の活動を支える主要な動機です。こういう集団の間には、競争が成り立つし、現に成り立っているわけです。しかしすべての集団が、特定の目的の達成に熱心なわけではありません。たとえば、世襲の身分によって定義される集団、貴族の集団があるとしましょう。そこに一ぺん属してしまえば、何もしなくてもよろしい。貴族は何の目的も達成しません。ただ貴族であるということだけで、さまざまの利点がある。身分的集団では、その集団に属しているだけで有難い、何かよいことがあります。そういう集団の間に、競争はおこりようがない。せいぜい嫉妬がある程度のことでしょう。相互の競争が激しい集団は、目標指向型の集団(goal-oriented group)です。そういう集団が競争に勝つためには、その集団の行動が、目的との関連において、能率的でなければならないでしょう。能率をよくするためには適材を適所に配置する必要がある。したがって集団内部に、一種の能力主義が発生するはずです。集団成員の間に能力上の競争が激しくなる。ただしこの場合の能力は、狭い意味での仕事の能力とは限らず、同僚とのつき合いを巧くやる能力も含まれるでしょう。極端な場合には、能力を発揮しない能力でさえあるかもしれません。また適材適所の適所は、必ずしも上下関係の上ということではなく、実質的な要所である場合が多いでしょう。そこが日本の組織の微妙で、おもしろいところだろうと思います。とにかく身分的集団が静的であまり動かないのに対し、近代日本の目的指向型の典型的な集団は、活動的で、しばしば攻撃的です。その意味では、かつての陸軍も、今日の企業も、ちがいません。またそうでなければ、あの経済成長も、自動車輸出も起こらなかったでしょう。しかもこの活動的な集団は、内部での競争があまり激しく、集団全体の能率を妨げることを避けるために、巧妙な仕掛けを備えています。それは、責任を集団全体でとるという仕組です。失敗があっても、個人の責任者をはっきりさせない。集団の親玉、たとえば会社の社長でさえも、必ずしも責任を取らない。成功も、失敗も、すべては会社全体の責任ということになる。たとえばアメリカでは、会社の業績が悪いと、社長が株主会に対しその責任を取らなければならないでしょう。日本でそういうことは、ほとんどありません。社長だけではなくて、社員が何か失敗しても、そのために社員が首になることは、余程のことでない限りめったにない。人間誰でも失敗しますから、これは個人にとって有難いやり方でしょう。小さな会社の内部の話ではなくて、国全体としてもそうです。あの十五年戦争で、日本側には、戦争責任者というものが、個人としては一人もいない。みんなが悪かった、ということになります。戦争の責任は日本国民全体が取るので、指導者が取るのではない。「一億総懺悔」ということは、タバコ屋のおばさんも、東条首相も、一億分の一の責任になる。一億分の一の責任は、事実上ゼロに近い、つまり、無責任ということになります。みんなに責任があるということは、誰にも責任がないというのと、ほとんど同じことです。これは普通、西洋社会には通用しない考え方でしょう。丸山真男さんは、「日本政治の心理と論理」で、ニュールンベルク裁判と東京裁判とを比較しています。ニュールンベルク裁判では、戦争の責任者がはっきりしていた。ナチの指導者たちは、自分に責任があるとはっきり言う。日本の戦争指導者たちは、みんな、自分は戦争をしたくなかったけれども、何となく空気が戦争の方向に動いていたから、賛成したのだという。一九四一年の東条内閣に、戦争をやろうと思っていた大臣は一人もいなかった。——これは、まことにおどろくべきことです。日本の集団の無責任体制が、これほど鮮やかに現れたことも稀でしょう。それが機能しなかったのは、相手が外国人だったからです。ドイツには、ニュールンベルク裁判の他にも、ドイツ人による戦争犯罪の裁判がありました。日本には外国人によって強制された場合以外に、日本人による戦争犯罪の裁判は、一度もありませんでした。日本側では、敗けても、勝っても、何をやっても、責任は集団の全体にあって、個人にはない。裁判はなかったばかりでなく、そもそも考えられなかったはずでしょう。

2

このような集団に強く組みこまれた個人にとって、世界とは集団そのものです。集団、または社会、または今此処の世の中、つまり此岸ということになるでしょう。死ぬと、日本人は、此岸から彼岸へ移るのかどうか。必ずしもそうではなくて、彼岸さえも、実は此岸の、具体的には所属集団の、延長と考えられている場合が多い。日本の文化が定義する世界観は、基本的には常に此岸的＝日常的現実的であったし、また今もそうである、といってよいと思います。小さな村の中に家族が住んでいて、その家族の中で、誰かが死ぬと、死者の魂はどこへ行くか。しばらくの間、どことも定めず、空中に漂っている、という説もあります。たとえば多くの儒者は、それに近いことを考えていたのでしょう。しかし柳田国男によれば、典型的には、村の近くの山の上に行き、そこから村を見まもっている。村はたいてい、水のある所ですから、山の裾、谷間など、下の方にあって、山の上からよくみえます。その山の上に魂が、永久に居るわけじゃないけれど、しばらく居る。そして特定の機会に村へ帰って来ます。いろんな風俗や習慣があるようですが、とにかく適当な機会に帰って来る。誰でもよく知っている機会は、夏のお盆です。帰って来るところは、隣村などということは絶対にない、必ず自分の村、しかも自分の家族のところです。つまり生きていた時の集団への所属性は、死んでも変わらない。日本人の集団所属性は死よりも強し。そういうことです。あるいは、死後の世界が集団の延長だといってもよい。窮極的には、此岸から断絶し、独立した彼岸は、ない。本来の現実は、村そのものしかないわけです。家族、村、此岸、それが唯一の窮極的な現実です。

そういう世界観の此岸性は、どういうことを意味するでしょうか。仏教が入って来たときには、その大衆への浸透を妨げる。それにもかかわらず、仏教が大衆のなかへ入ってゆけば、仏教そのものが、現世利益・此岸的効用の方へ、変ってゆく。仏教からその彼岸性を奪う変化を「世俗化」とよぶとすれば、徳川時代に仏教の世俗化が徹底します。徳川幕府は仏教寺院を行政制度化して、誰も仏教徒でなければいけないということにした。仏教が政治権力と結び付いた時代は同時に、思想的には仏教の世俗化が徹底した時代だと思います。この時代の政治倫理的な価値体系、あるいは文学的・芸術的な表現は、早くも一七世紀から世俗的なものでした。儒教倫理は此岸的です。文学作品や絵画に、仏教的・宗教的「モティーフ」は、はなはだ少ない。その頃、アジアの大部分の地域の文化は——中国の場合にはちょっと難しい問題があるけれども――仏教的です。ヨーロッパでは、教会が魔女狩りをやっていました。日本ではそれが起こる程の排他的で、教条的な宗教体系は、もはや生きていなかった。文化自体が世俗化していた、ということになるでしょう。このように早くから現れた世俗的文化は、おそらく、日本の実用的な技術主義（二宮尊徳の「仕法」から戦後日本のGNP信仰まで）、享楽主義（『好色一代男』から週刊誌まで）、および美的装飾主義（琳派の絵画工芸から日本料理の盛りつけまで）に、共通の背景でしょう。他方同じ背景は、徳川時代以降の日本が、孤立した例外（三浦梅園や西田幾多郎）を除いて、抽象的包括的な形而上学の体系を生み出さなかったということも、説明するにちがいありません。

個人が集団へ高度に組みこまれている条件のもとでは、個人がその所属集団、具体的には家や村や藩や国家に超越的な権威または価値へ「コミット」することは、困難なはずです。あるいは逆に、そういう絶対的な価値がないから、個人が集団の利益に対して自己を主張することができない、つまり高度の組みこまれが維持される、ということもできるでしょう。これは鶏と卵の関係です。どちらが先であるかは別として、とにかく、日本文化の一つの特徴は、先に触れたように、集団に超越する価値が決して支配的にならないということです。明治以後の支配層は天皇を絶対化しようとしました。しかし天皇はまさに国民という集団の象徴であり、天皇の絶対化は、集団に超越する価値(たとえば儒教の「天」、キリスト教の「神」)の絶対化であるどころか、集団そのものの絶対化に他なりません。

3

超越的価値に束縛されない文化は、どこへ向かうでしょうか。そこでは宗教戦争が起りにくい。また社会の現状を否定するためには、現状から独立した価値が必要であり、そういう価値のないところでは、「ユートピア」思想が現れないでしょう。「ユートピア」思想を支えとする革命も起こらない。個人的な行動様式としては、それとして自覚されない便宜主義(opportunism)・大勢順応主義――しばしば「現実主義」とよばれる態度――が、典型的になる。芸術的な表現についてみれば、全体の秩序よりも、部分の感覚的洗練が強調されることになるでしょう。個別的・具体的状況に美的価値も超越しない。細部から離れて全体を秩序づける原理がない。この部分強調主義の典型的な例は、たとえば平安朝の仮名物語と、一七世紀初めの大名屋敷の平面図だろうと思います。平安朝物語の話全体の構造ははっきりしない。始めがあり、終りがあって建築的にできているものではない。たとえば『宇津保物語』は、ほとんど、短篇をたくさん積み重ねて行くうちに、おのずから全体になった、という形のものです。こういう長い小説に、一人の人間が、子供の時から次第に大きくなって、多くのことを経験して、遂に死ぬまで、というような整った形がないわけです。それぞれ独立性の強い章が並列されて、まとめてみると、非常に長い物語になっている。これは明らかに、部分の方がまずあって全体にたどり着いたので、全体がまずあって部分を書きこんでいったというものではありません。徳川初期の大名屋敷の平面図は——これは寺院建築などとちがって、中国の記念碑的建築様式の影響のないものでしょう——左右相称でないばかりか、途方もなく複雑です。これも明らかに、まず建物全体の空間の形を考え、その空間を細分して部屋を作ったのではなく、まず部屋から作り出して、作りやめたときに、初めには想像もしなかった全体の形ができあがっていた、ということにちがいない。これは要するに、建て増し精神です。普通我々が建て増すのは、一度に建てるお金がなかったからですが、大名屋敷の方は、おそらく金の問題ではない。むしろ空間の部分と全体との関係について、基本的な一種の見方、一種の哲学を反映しているのだろう、と思います。その哲学は、部分から出発して、おのずから全体に至るというものです。たくさんの部屋の続きが全体になる。部屋を作るのにくたびれた時に終る。どこで終るか初めから計画していたわけではない。徳川時代初期の大名屋敷の平面図は、いくつも残っていますから、こういう特徴は一般化して考えることができる。それが部分尊重主義で、日本の芸術の一つの特徴、さらに進んで、空間に対する日本人の考え方の特徴だと思います。

このような空間の概念と並行関係にあるのが、「現在」の並列的な継起として表象される時間の概念です。部屋から部屋へ続けていったものが屋敷で、今日・現在からもう一つの今日・現在へ続いてゆくものが、歴史的時間です。その意味での、現在主義。そこには始めがなく、終りがない。神話の水準でいえば、創世期神話と終末論を欠くのです。反論したい方は、『古事記』に創世期があるじゃないか、とおっしゃるでしょう。しかしあれは、外国の直接の影響のもとに書かれたものです。中国・朝鮮は創世期の話を持っているんで、日本も対抗上作らなきゃいけないと考えて作ったので、日本土着の基本的な時間の見方とは、あまり深く係わってはいないでしょう。日本では、いつ始まるともなく歴史が始まり、いつまでということはなく、ただどこまでも現在が続いてゆく。そういうのが、私の言うところの「現在主義」です。宵越しの金は使わない。明日は明日の風が吹く。人が悲観的になるのは、明日のことを心配するからです。明日のことを考えなければ楽天的に今日を暮すことができるでしょう。たとえば東京の電車は、のべつに混んでいる。朝でも、昼間でも、夜でも。しかし多くの人たちは、その電車のなかで割に明るい顔をしていると思う。そうでなければ、おだやかな寝顔、あるいは劇画に読み耽っている真面目な顔です。この明るい顔・居眠り・劇画耽読は、私が住んでいたことのある他の大都会、パリやヴィーンやロンドンやニューヨークの地下鉄のなかでは、極めて稀にしか見かけないものです。これはおそらく「明日は明日の風が吹く」哲学と関係があることなのでしょう。

一九四一年十二月八日の東京市民の表情は、愉しそうでした。数年後に何が起こったかは、御存知の通りです。一九八〇年代に入って、アメリカ軍国主義と日本国との結びつきは、いよいよ深くなろうとしている。それでも日本人の顔が明るいのは、数年後に何が起こり得るかを考えずに暮すことができるからでしょう。

このような時間の概念をよく反映しているのは、またおそらく、一二世紀頃から一三世紀・一四世紀にかけて、さかんに作られた絵巻物です。絵巻物は、細長いものを丸めてあって、展覧会では、一部しか見られない。絵巻物の全体を一緒に見ることは、そもそも不可能です。むやみに長いから、ある部分を見ていると、別の部分は遠くなって見えません。これは本来、自分の前に置いて、右から少しずつ展げて見てゆく。見てしまった所は、巻いてしまう。これから見る所は、まだ展げてないから、見えない。物語は時間の経過と共に進み、挿絵もその順序を追うわけで、絵巻物を見る人は、話の前後から切り離して、絶えず現在の場面だけを見るということになります。現在の状況を理解、あるいは評価するために、前の事情も、後の発展も、基本的には必要がない。そういうことは、ヨーロッパの中世の「プリミティヴ」と対照的です。そこではキリストの受難という時間的に長い経過の出来事を、一枚の絵に描いている。そういう時間的経過の空間的表現は、日本にはあまりない。日本では絵巻物の方が典型的です。現在だけが、問題だということになるでしょう。その現在は、いわば予測を超えて、次々に出現する。巻物は開けてみなければ、どんな絵が出て来るか分らないわけですから。突如として、何かが出て来る。またその次の何かが出て来る前に、あまりぐずぐずしないで、速くそれに反応する必要がある。絵巻物の世界は、予測し難い状況の変化への、速い反応の連続だ、という風にも考えることができます。

状況が変化するのは、絵巻物の世界だけでなく、現実の世界でもそうです。日本では、状況は「変える」ものではなく、「変る」ものです。そこで予想することの出来ない変化に対し、つまり突然あらわれた現在の状況に対し、素早く反応する技術——心理的な技術が発達する。実はそのことが、絵巻物における時間観念に、集約的に反映していたと考えられます。また、そのことの反映は、絵巻物に限らない。たとえば、今日の日本の外交みたいなものです。第二次大戦後の日本の外交で、非常に大事な問題の一つは、あきらかに中国との関係をどう調整するかということだった。しかし、日本政府は、米国の中国封じ込め政策に同調し、北京政府の承認を全く考えていなかった。つまり将来の状況を予測せず、現状をそのまま認めていたのです。ところが突然、一九七二年の春に、ニクソン政府の中国接近が始まると、その後、半年経つか経たぬうちに、もう田中首相が北京政府を承認していました。中国封じ込め政策の状況を変えたのは、米国で、日本ではない。日本側は、他力によって変化した状況に、敏捷に反応したのです。これは、まさに座頭市型外交と称ぶのにふさわしい。座頭市の目はみえないから、敵の近づくのが分らない。しかし、仕込み杖の届く範囲まで相手が来たときには、非常に速く反応する。座頭市と日本外務省の行動様式は、根本的に似ています。「ニクソン・ショック」の次が、「石油ショック」。むやみに「ショック」が多いのは、先の見通しが全くついていないということと同じです。

ただし「ショック」の後の反応は速くて、適切です。鎌倉時代の美術から、今日の外交まで、日本文化の「現在主義」は生きています。

4

最後にもう一つ、日本の集団内部の秩序維持の装置について。今まで比較的簡単に、上下関係と水平関係があると言ってきましたが、それは抽象的な言い方で、具体的な規則の体系がなければ、集団内の秩序は保たれないでしょう。そういう規則の体系の特徴には、二つの面がある。その一つの面は、極端な形式主義です。もう一つの面は、極端な主観主義、または主観的な「気持」尊重主義です。第一の形式主義は、独特の儀式(ritualism)と名目尊重の習慣に、典型的にあらわれています。まず複雑な儀式の体系がある。社会生活のどの面にもあったし、今もあると思いますが、なお生きているものについて言えば、たとえば贈答形式です。お中元とかお歳暮とか。またたとえばやたらにハンコを押す、――押さなければならない習慣。私の名前は加藤で、加藤というハンコなどはどこにでもあって安く買える。そんなものは、人物を同定するために、何の役にもたたないでしょう。

それでも、そのハンコを押せば、役所は満足し、押さなければ、郵便物一つ受けとれません。これは実質的な意味が全くなくなっても、儀式的な形式が残るという見事な例です。

名目主義は、言葉が示す物や現実よりも、言葉そのものを尊ぶ風習です。わが国は文字の国ですから、名前が非常に大事なわけです。たとえばある時私は、スイスで、モン・ブランの案内人に会ったことがあります。ほんとうの登山の案内人ではなくて、観光の案内人です。観光客が各国から来て、登山電車でモン・ブランに登る、――彼らをその案内人が山の上まで連れて行くわけです。その男が私に、日本の観光客は世界で一番いい、こんなに案内しやすい観光客はほかにない、といいました。なぜだろうか。そもそもモン・ブランという山は、普通天気が悪い。私はジュネーヴに一年住んでいたことがありますが、めったに見たことがないほどです。殊に上の方は天気が悪い。わざわざ観光に来ても、案内人に案内されて山の上まで行って、霧がまいて来たら、もう何も見えない。ほとんどすべての観光客は、長い間電車に乗って、お金を払って、なにも見えないと、たいてい文句を言う。ドイツ人も、アメリカ人も、どこの国の観光客も。ただ、日本の観光客だけが、文句を言わない。霧でなにも見えなくても、自分達同士で写真を撮っている。そうすることで、大へん機嫌がよく、非常に満足して、案内人に文句を言わないそうです。なにも見えなくても、どうして日本の観光客は、満足できるのか。それは名前でしょう。この写真はモン・ブランで撮ったということです。自分の連れの顔だけ撮るんだったら、モン・ブランの上で撮ろうと、浅間山の上で撮ろうと大差ないでしょうが、名前が大事だ。和菓子にも立派な名前が付いている国です。「夜の梅」とか、「春の月」とか、羊かんならば、味はどうせ似たようなものでしょうが。これほど菓子の名前が文学的な国は、私の知るかぎり、他にありません。要するに儀式と名目の複雑な象徴体系があり、極端な形式主義があって、集団の成員がそれを守っている限り、集団の秩序が保たれる仕組みです。形式または規則を、守る側からいえば、それを守っている限り、なにも考えなくても、集団のなかでうまく行くように保障されているといってもよい。そのうまく行くということの中には、個人の安全、個人の安全の集団による保障ということが含まれます。すべての大勢順応主義者にとって、日本の社会は、非常に安全な社会です。

日本の集団内部の規則の、あるいは習慣の、もう一つの面は主観主義で、実際にどういう行動をしようとも、当人の心が大事だというものです。これもいろいろな形で出て来る。犯罪や事件が起こった時には、その動機が非常に大事だとされる。当人の「気持」や「心」の問題です。日常生活のなかでも、しきりに、「悪気で言ったのではない」とか、

「悪気でやったのではないだろう」とか、いいます。十五年戦争当時、高名な文学者武者小路実篤は、戦争を讃美しました。戦後、当人の証言によれば、それは軍閥に「だまされていた」からです。別の言葉でいえば、悪気で戦争を讃美したのではなかった。その戦争で、どれほど多くの日本人や中国人やその他の人々が無意味に殺されたとしても、そのことよりも、悪気でなかったことの方が大事だから、武者小路実篤は立派な人になるのです。「気持」や「心」の尊重は、また「以心伝心」を理想的な「コミュニケイション」とみなす考え方にもあらわれています。そういう「コミュニケイション」の形式が一番威力を発揮するのは、同じ集団の内部で、しかもその集団の成員が多くない場合でしょう。小集団の内部では、言葉に訴えないでも、非常に微妙なことが分り合える。しかし外部に対しては、言葉に訴えなければ、「コミュニケイション」は成立しないのが普通でしょう。だから、伝統的な日本社会で、intra-group communication の円滑は、inter-group communication の困難と、切り離すことができません。それは「コミュニケイション」における「心」主義・主観主義の両面でしょう。日本の大臣は、議会でさえ、「その話はしない方がいいでしょう」とか、「お互いに分っているじゃありませんか、そうしつっこく聞かなくても」などといいます。これは比較政治言語学的に、議会答弁として、かなり特殊なものだろうと思います。芸術的には、そういう「心」尊重主義がどういう風に表現されるか。中国の水墨画と日本の一四世紀以後の水墨画を比較すると、中国の方が写実的です。画家の目が外に向いている。水墨画には、抽象的表現主義みたいな要素があって、中国の画論では「気韻躍動」という。その面を極端まで持って行けば、ジャクソン・ポロックに近づくでしょう。写実の面を徹底すれば、西洋の近代絵画の写実主義に似てくるでしょう。中国の水墨画には、抽象的表現主義と、写実主義との緊張関係がある。水墨画が日本へ来ると、そのつり合いが崩れ、しばしば写実の犠牲において、抽象的表現主義に近づく。その例はいくらでもありますが、たとえば石濤と池大雅を比較すれば、明らかでしょう。石濤は、写実を通しての「気韻」。大雅は、いきなり「気韻」、「心」、主観的な表現主義へ向かいます。日本の「気持」主義、「心」尊重主義です。

このように日本社会の一方には、外面的な形式主義があり、他方には極端な主観主義がある。この社会は、一方で、ルース・ベネディクトもいったように、内面化されない外在的規則の繁雑な体系に従って機能していると同時に、他方では、客観的規範として外在化されることのない内面的な感情を高い価値とみなす。徳川時代の町人社会の「義理」は、簡単には言い切れない点もあるけれども、大ざっぱに言えば――、外在的規範、繁雑な儀式的規則、社会的制裁によって強制される秩序の全体を、意味するでしょう。「人情」は、外在的規範から自由な、私的感情であり、しかもそれが町人文化の中で価値として認められていたものです。「義理」と「人情」、この二つの価値がぶつかり合えば、どうなるか。実際の社会では、「義理」の強制力が優越します。相愛の男女は、「義理」のために、死ななければならない(negative sanction)。それが心中です。しかし、町人が作った劇場の中では、逆転して、人情の方が勝つ。そうでなければ道行が成り立たず、浄瑠璃が成り立たない。「未来成仏疑ひなき恋の手本となりにけり」。死ぬことが、かえって、全く主観的な感情、すなわち恋を「手本」として、価値として、確定することになります(positive sanction)。なぜこういう価値の分極化現象が起こったか。なぜ町人社会で、「義理」の秩序が内面化されず、「人情」の価値が外在化されないで、「人情」の讃美が、劇場の内部にとどまったか。それは「義理」の秩序が武士支配層から出て来て、上から下へ、町人層に押しつけられたからでしょう。「人情」の価値の主張は、町人層の内部から、押しつけられた秩序に対する反発として出て来た。だから「人情」は、事実としてではなく、基本的な価値としては、武士層の中にはない。原則として、儒者の中にもありません。町人出の儒者、石田梅巌でさえも——彼は儒教を大衆化した人ですが——、「人情」ではなくて、

「誠」について語ったのです。「誠」は「恋の手本」とはちがいます。武士層では、儒教的社会秩序、「義理」の価値が、少なくともある程度まで、内面化されていました。その点について、外在的規範の内面化が、伝統的日本社会にはなかった、と主張するルース・ベネディクトの説は、正確でないと思います。外在的秩序の内面化現象は、武士層にあって、町人層になかったのです。しかし明治以後にも、町人層の文化が続いている——少なくともそういう面があります。今でも、一方に空虚な形式主義があり、他方に恣意的な感情論があることは、すでに強調してきた通りです。

5

競争的集団主義、世界観の此岸性と超越的価値の不在、その時間の軸への投影としての現在主義——そういう日本社会または文化の特徴が、相互に関連しているということ、また極端な形式主義と極端な「気持」主義の両面を備えた価値の体系が、典型的な日本人の行動様式を決定しているだろう、ということを述べてきました。これが私の「パラダイム」です。日本社会に特徴的な個別的現象のかなりの部分というか、おそらく大部分は、そういう「パラダイム」を使って、今説明してきたような枠組の中で、理解することが出来るだろう、と私は考えています。そうすることで、個別的な特徴を関係づけ、日本文化の体系を叙述することが出来るだろうと思います。

このような文化の体系が、外に向かうとどうなるか。成員個人がそのなかへ高度に組みこまれている集団は、外に対して閉鎖的です。内の者と外の者との区別が非常に鋭い。そこに地理的条件も加わって、鎖国心理が今も強く残っていると思います。内部での「コミュニケイション」は円滑で、外部との「コミュニケイション」は困難です。自分の属している集団外の人を、「外人」と称ぶとすれば、一般に外人との話が通じにくい。外人の極端な場合が外国人です。従って外国人との「コミュニケイション」がうまく行かないだろうということは、初めから予想のつくことです。これは外国語の問題ではありません。外国人との「コミュニケイション」がうまく行かなければ、日本の国際的な孤立は避け難いでしょう。国内では、外国人の差別が、殊に雇用の面で強くなります。日本人はアメリカで働くことができるが、アメリカ人が日本で働くことは極めて困難です。これは《fair》ではないばかりでなく、今なおこの国で、いかに鎖国的傾向が強いかということを示していると思います。しかし他方では、国際的孤立への恐怖が、明治以来あったし、今でもある。

その恐怖は、外交政策の上でも、国民心理の上でも、どこか一つの強大国への、いわゆる「一辺倒」となってあらわれます。外交上は、一番強い国との同盟。まず英国。その次に、三〇年代末のドイツ。第二次大戦後は明らかに、米国。「一辺倒」は、単に外交的利害打算の結果ではなく、心理的なものでもあるから、左翼的な人は、ずいぶん長い間、ソ連に一辺倒だった。フランス文学者はフランスに、中国専門家は中国に「一辺倒」になりやすい。それは孤立ということの別の面でしょう。

しかし鎖国心理だけが、日本社会の対外的態度を特徴づけているわけではないと思います。もう一つの特徴は、外国の文化を受け入れやすいということです。初めは中国・朝鮮の文化で、後には西洋の文化です。大いに輸入して、ほとんど輸出しない。こちら側から出さないで、取るだけということになります。「外人」は嫌いだが(鎖国・閉鎖的集団)、「外人」の文化は好きだ、ということ。そういうことが成り立つためには、人と文化とが、あらかじめ分離されていなければならない。分離の条件は、外国が遠いという感覚、つまり鎖国心理でしょう。しかるに、好むと好まざるとにかかわらず、先進国間の経済的関係・技術的情報交換・文化的相互依存は、次第に密接になり、次第に拡大されてゆく。そのなかで日本国が生きてゆくためには、鎖国心理を克服する必要があると思います。それには長い時間がかかるけれど、その方向へ努力してゆくほかはありません。

6

以上私は、日本文化の特徴の多くを、比較的数の少ない「基本的」特徴——競争的集団主義・現世主義・現在主義および独特の象徴体系——に関連させ、統一的な全体として、説明しようと努めました。「基本的」特徴相互の関係も、ある程度までは、説明したと思います。その統一的な全体を、日本文化の「プロトタイプ」あるいは「アーキタイプ」ということができるのかどうか。私はその概念的議論には立ち入らず、さしあたり、そういう議論の背景となり得る叙述を提出することで、満足したいと思います。

II

複式夢幻能をめぐって

木下順二

日本文化の archetype(s)を考える、というのが与えられたテーマのようですが、これは大変に魅力的であると同時にとらえどころのないテーマで、第一 archetype を何と訳したらいいか。ユングなどは特別な意味で使っているらしいけれど、ぼくは一応、潜在している原型ぐらいに考えてみると、そういう問題は説経節にはらまれているかも知れないという気がします。説経節、説経浄瑠璃というのは、一六世紀室町期の後半から江戸初期にかけて行われた一種猥雑な、作者も分らない語り物で、『山椒太夫』『俊徳丸』『小栗判官』などの演目があって、それを語るのが賤民、遊行の人ということなのですね。この語り手が遊行の者、つまり定着していない人たちで、それが語る内容を、例えばある学者は禁忌、タブーとか、タブーの論理、遁走と解放、それから祭りの両義性、贖罪だとか懺悔だとかそういう問題とからめて論じているので、実は最初はそれについてお話ししようかと思ったのですけれども、ぼく自身がどうも説経節のそういう内側をよく理解していると思えないので、きょうは能楽を材料にしてお話しします。ただ、関心を持たれるかたは説経を考えてごらんになるとおもしろいだろうと思って、最初にひとこと触れておくわけです。

1

まず、二篇の謡曲についてお話しします。この中にまだ能を全く見たことがない方もあるでしょうが、全く見たことがない方にどういうふうに説明したらいいのかわかりませんけれども、『井筒』というのと『実盛』という、二つの曲について考えてみることにします。

ぼくが『井筒』という曲に引っかかりだしたのはもうずいぶん前からですけれど、なんでそうなったかというと、新劇でリアリズム演劇ということをよく言いますが、ではそのリアリズムの基礎となるリアリティというのは一体何であろうかということとからめて引っかかりだしたように思います。リアリズム演劇と今いったけれど、もっと広く、そもそもドラマというものはリアリティがなければ存在しない、リアリティがないとドラマというものはほとんど無力であるだろうと考えます。どんな古いものを扱っていても現代の素材を扱っていても、一番基本にはリアリティということがあるだろう。そしてそのリアリティというのは現実が孕んでいる実際のリアリティとは違った質のものでなければならない。ドラマのリアリティは、もし本当のドラマのリアリティというものが生み出されたならば、そのリアリティの前で現実のリアリティ、ふつうはいかにもこれがリアルだと思って見ていたリアリティが自然主義的写実主義に見えてしまうという、そういうリアリティ、そういうものがドラマのリアリティであるだろうと思うのですが、われわれの仕事の中でそれがなかなかうまく行かない。つまり芸術が創り出すリアリティというものは何だろうということですが、ところが実は、お能という不思議な芸術が、ある面でそれを見事に創り出しているのではないかということをまず入口としてお話ししてみたいと思います。

その前に、ソヴィエトにレーニンを主人公にした戯曲で、有名な三部作があります。『クレムリンの時計台』とそれから何でしたっけね。その中の一つを日本で数年前に演った。ぼくは見なかったのですが、滝沢修さんがレーニンを演じた。あの人は頭の格好から顔までがレーニンに似てますね。それで非常にレーニンらしく見えたというので評判になった。しかしこれはリアリティではないのですね。ソヴィエトではぼくもこのレーニンの芝居を見ましたけれども、俳優は何とかレーニンに似せてつくるわけです。レーニンを演じるのだからレーニンに似てなきゃ困るんだけれども、しかし似ているということはちっともリアリティではない。これは俳優の悪口をいってるんじゃありませんよ。リアリティとは何かという問題、つまり似ているというだけだと自然主義的写実主義ということになりますね。もう一つ、これも数年前の話ですけれど、ベルリンでフォルクスビューネとシラー・テアタという二つの劇場で、ホーホフートの『ディー・ゾルダーテン』(『兵士たち』)という芝居を演った。これはぼくが見たわけじゃなくて友だちの話ですけれども、二つの劇場で同時に相当のヴェテランが同じ戯曲を演ったのです。するとその中に例えばチャーチルが出てくるんですけれど、片方の劇場ではまさにチャーチルのメイカップをしてすべてチャーチルらしく、他の登場人物たちも、そのモデルである実在の人々らしく演ったそうです。ところが、もう一つの劇場ではそういう意味でのメイカップをしていなかったというのですね。そして舞台の袖から出て来てある壁を通り過ぎる。架空の見えない壁、そこにただ仮定されてある壁、そこを通って部屋の中に入ると、そこから猛烈な演技をやる。そこでチャーチルを演り、ほかにも実在の人物が幾人か出て来ますけれどもそれを演る。ただし、似せることはちっともしないで。この二つのケースは非常に示唆的です。どっちがよかったか、実物に似せた方がよかったか、まったく実物と関係なしのいわばメイカップしないものがよかったか、ということではない。芝居というのは、レーニンとか、実在した人物が出てきて、それに似ているかどうかということがリアリティを保証はしない。しかもおもしろいことに、考えてみると普通の芝居は、その書き手が発明した架空の人物が出てくるわけですね。けれどもその人がまさにそこに居るという感じを創り出しうるかどうかということが問題なのです。たまたまレーニンだチャーチルだというから、本物に似ている似ていないという問題が起るけれども、実在していない人物が登場するのが一般に芝居というもので、しかし舞台上のその人物が、それがまさにそこにいるという感覚を創り出しうるかどうか。そういうリアリティというものを、チャーチルの顔をしていようといまいとそこに創り出す。実在しない人物だけれどもその人がまさにそこにいるという感覚を与える。そのことができるかどうかということが、演劇におけるリアリティということですね。そういう問題を新劇ではいわゆるリアリズムの問題として追究してきたのだが、なかなかうまくいかない。いろいろな試行錯誤をやってきてなお、なかなかうまくいかないのですけれども、その問題をお能というものがある程度説得的に、少くともぼくにはわからしてくれるということがある。そういう意味でリアリティと結びつけてお能というのがどういう印象を与えるかという問題を『井筒』、それから『実盛』という作品で考えてみたいと思うのです。

この『井筒』というのは、それから『実盛』も、世阿弥の作とされているものです。そして『井筒』も『実盛』も複式夢幻能という形なのです。この夢幻ということばがたいへん問題で、そのことについては後でお話ししますけれども、まず夢幻能という語を『広辞苑』で引いてみると、「旅人や僧が、夢まぼろしのうちに故人の霊や神・鬼・物の精などの姿に接し、その懐旧談を聞き舞などを見るという筋立ての能」となっているのですが、これだけでは問題の本質は分らない。

そこで、この『井筒』というのは夢幻能、それも複式夢幻能という形なのですが、この〝複式〟という意味を、筋をお話ししながら説明して行きましょう。

まず、奈良の在原寺という寺に、ある旅の坊さんが参って、これから初瀬の長谷寺へ行こうとする。諸国一見の僧、あっちこっちを見て廻っている遊行の僧が、在原寺というのを訪れる。これは『伊勢物語』の中から材料を取ったものですが、ここはむかし在原業平が、紀有常《きのありつね》の娘と夫婦になって住んでいた所である。ところが業平というのはプレイボーイですから、河内の高安の里に女をつくって、そこへ通うわけですね。そうするとその紀有常の娘である貞淑な女、つまり業平の妻は、嫉妬するどころか、女の所へ通う夫の身を案じて有名な歌を詠むわけです。「風ふけば沖つ白波立田山夜半にや君が一人行くらん」無事に行ってくれればいいがなあといって心配する歌を詠む。そういう妻と業平の二人が住んでいた跡だというので、諸国一見の僧がそこを訪れるわけです。そうすると複式夢幻能の複式というのは二場という意味ですが、その前場《まえば》ではすさまじいほど寂しい秋の真夜中でだんだん夜が更けて行く。「草茫々として露深々たる古寺の庭」ということばがありますけれども、そこに古い井戸がある。そこになまめいた一人の女が出てくる。これがシテで、シテというのは主人公ということですが、坊さんはワキという役柄で、その坊さんが座っているとその里の女が出てくる。それがいつの間にか静かに井戸の水を汲んで、傍らの古塚に手向けている。そこで旅僧がちょっと好奇心を起こして質問を始める。すると初め女はただ、昔ここに業平という人がいた。わたしはその人の塚に花や水を手向けているだけだと言う。業平の由縁《ゆかり》の者かと聞かれても別にそうではないと答える。業平というのはこの時点から言って二百年前の人ですが、ただ何か懐旧の情に耐えない姿で水や花を手向けているわけですね。しかし今の「風吹けば沖つ白波」という歌の謂《いわ》れを向こうから語ったりするので、僧侶とすると一層好奇心が起きてくるわけです。そこでだんだん回想が過去に遡っていって、少女の頃に隣のうちの少年とうちの門の前にある井筒、井筒というのは井戸のことですが、その水に互いに顔を映し合ったりという淡い恋の思い出があって、やがてその恋を意識するようになったというような話を、三人称だか一人称だかわからない語り方でその里の女が語るわけです。何か押えても押え切れないものが彼女の中にあるらしい。そしてそれを次第に露《あら》わに見せてくるようでもある。坊さんはそれを見ていて何かこれは、この女は紀有常の娘、つまり業平の妻ではないかという気がしてくるのです。それは二百年前の人なんだけれども何かそういう気がしてくる。それであなた名のってください、一体誰ですかと聞くと、そこから先がお能のわかったようなわからないような不思議な表現なのですけれども、「まことに我《われ》は恋ひ衣、紀有常が娘とも、いさ白波の竜田山、夜半に紛れて来たりたり」という。どうもなんか妖しいと思ってまた坊さんがそれを問いつめて、「不思議やさては竜田山、色にぞ出づるもみぢ葉《ば》の」と言うと、女が「紀有常が娘とも」、坊さんが「または井筒の女とも」、すると女が「恥づかしながら我なり」と言って物蔭に入ってしまう。つまり何か好奇心を起こしているうちにだんだん二百年前の女であるらしい感じがしてきて、そのことを追及して追いつめたところで女は隠れてしまう。それで坊さんは非常に不思議な気分になりつつ、「更け行くや、在原寺の夜の月」と自分で謡うのです。「在原寺の夜の月、昔を帰す衣手に、夢待ちそへて仮枕、苔の筵に臥しにけり」――自分が寝ることを三人称のように「臥しにけり」と描写する。そしてそこで衣を敷いて真夜中に坊さんが寝てしまうところで前場が終る。〃複式〃の前半ですね。そして後場《のちば》になる。

この後場というのは非常に短いのです。短いだけにこの後場の説明は大変難しい。少ない字数で非常に広い拡《ひろ》がりを内容として持っています。前場が終って物蔭に入ったシテ、主人公が、その同じ役者が、しかし別の、大抵はこの世のものならぬキャラクターとして後場に登場して来るというのが複式夢幻能の意味なのですが、この『井筒』の後場では、同じ人物が今度は紀有常の娘の霊として登場する。だから後場ではこの女は過去を語るのではなくて、現在形で二百年前のことを語るんです。現在形で今自分の中に溢《あふ》れている思いを語るわけですけれども、それは充たされない恋にほとんど狂いそうになりながら男を待ち続けていた女の非常に激しい恋慕の情ですね。業平というプレイボーイをいつまでも待って待って待っていたわけですけれども、そういう気持を純粋に語る。つまり謡う。だからこの女は「人待つ女」という名前を付けられた。そのことを、前場《まえば》のああいう恥じらいをかなぐり捨ててしまって正面から語り始める。自分の男がよその女の所へ通う身を案じて「風吹けば」というあの歌をそっと詠んだという恥じらいを持った姿を捨ててしまって、「われ筒井筒の昔より、真弓槻弓年を経て、今は亡き世に業平の、形見の直衣身に触れて、恥づかしや、昔男に移り舞、雪を廻らす花の袖」。――二百年前の女の霊なんだけれども、二百年前を現在形として語ってそれが同時に二百年前の女として登場していて二百年後の今でも待ち続けているという非常に不思議な、つまり二百年という時間がいっぺんに飛んでしまうようなそういう純粋な思いを語るわけですね。だから非常に長い時間が一瞬の中に凝縮されてしまう。そして女はその執念の余り、自分の身に業平の形見の冠をかぶり、業平の形見の直衣《のうし》という着物を着るのです。そして業平が自分に乗り移ってしまったかと思える姿を井筒の水に映してみる。幼い頃井筒と背比《せいくら》べした自分、その丈もあなたと会わないでいるうちにこんなに高くなってしまった、つまり女になったということですね。そういう昔を思い出として語るのでなくて現在形で語る。そう言って自分の顔をいま井筒の水に映してみると、自分はもう十分に老けてしまっているわけですね。だから、老いてしまっている自分の水に映った顔を打ち消すように、今度はその業平自身になって冠をかぶって直衣を着た自分の姿を映して、水に映る業平の姿を感じ取ろうとして、それを瞬間感じる。業平がそこにいるという感じを持つが、それを感じた瞬間にはしかしもう夜が明けてきてしまって寺の鐘もほのぼのと鳴って、「夢は破れ明けにけり」と言う。それでさっと終わってしまうのです。お能を見たことがない方には、こういう説明をしても何のことだか大変わかりにくいでしょうけれども。

つまり、説明しますと、この『井筒』というのは複式夢幻能の一つの典型と考えていい。さっき言ったように夢幻能というのは、辞書によると、「旅人や僧が、夢まぼろしのうちに故人の霊や神・鬼・物の精などの姿に接し、その懐旧談を聞き舞などを見るという筋立ての能」ということになっている。それに間違いはないのですけれども、しかし本当の意味では次のようなことだろうと思うのです。

まず、このワキの僧ですけれども、能にシテとワキが必ずあって、主人公であるシテとそれを見ているワキの役がある。このワキというものの定義は、野上豊一郎さんが一九二三年に下した有名なものがあるのですが、「ワキは私達見物人の代表者として舞台に出てゐるのである。さう見るよりほかに彼の登場の仕方に対する解釈を私は知らない」と野上さんは言っている。それから半世紀たつ間にいろいろな論議があったようで、ぼくは詳しいことは知りませんけれども、ぼくに言わせると、ワキというのは野上さんの言われたような単なる見物人の代表者ではないだろう。どういう意味かというと、能を見られるとわかりますけれども、ワキというのが最初出てきてそれからシテが出てきて少し問答があって、後はワキはただもうじいっと、何もしないで横に座っていることが多いのです。しかし、だからといって見物人の代表者、我々と同じ中の一人であるとは言えないだろうと思うのは、見所《けんじょ》――客席のことを能ではこういいますが――にいる我々と違って、ワキにとっては、シテが演じていることはリアルなんです。今、非常にわかりにくい言い方で説明したこと、紀有常の娘が、二百年前のことを現在形で語りながら、二百年という時間を一瞬に凝縮したような不思議な形でしかし本当に自分の情念を語っているわけでしょう。それは見所の我々にとっては、直接にリアルなことじゃない。ところが、そこに座っているワキ、この場合は諸国一見の僧であるこのワキにとってはまさにリアルなんですね。そう思っているワキと、それからシテとを、見所にいる我々は、ひっくるめて見ているわけでしょう。つまり、いま舞台で行われていること、それは見所にいる我々にはいかにも非現実的なのだけれども、しかしその非現実を、非常に純粋に凝縮された一つの情念というものを大変リアルだと思って見ているワキを、我々はまた見ているわけですね。そこで初めて我々にとってこのシテの演ることがリアルに映ってくるわけです。すぐれたお能で『井筒』を見ると、ことばでは説明がつかない二百年前と現在とが一所になったというそういう不思議なものをすぐれた演者が演じるのを見ていると、それが我々にとってリアルに見えてくる。それはしかし、このワキというものがいなかったらリアルに見えてはこないと思うのです。これを本当にリアルだと信じているワキがそこに座っている。それをも我々の視野の中に収めているからリアルになるのだろう。

野上さんはまたこうも言っていられます。たとえば『田村』というお能で、ワキというのはシテが言う通り「指ざされるままに景色を眺めたり、物語に耳傾けたりするのみで、自分から働きかける何物をも持つてゐない」。更に後ジテがいくさの姿で現れていくさの話を物語る段になると、もうそのワキの旅僧は今やまったく舞台に用事のない人で、「殆んど木偶の如く柱の蔭に坐つて一言半句をも発しない」と言っていられる。けれども、もしそのワキを取っ払ってしまってワキがいなかったとすると、我々にとってその舞台で演じられていることは全く荒唐無稽なただ美しい舞であるか、あるいは非常に退屈な所作であるかということにしかなってこない。だからワキというのは我々観客の直接の代表者ではなくて、舞台の上にいる一人の見物人である。同時に我々と同じにシテを見物しているという点では共通しているが、しかし我々の単なる代表ではない。そこで、舞台の上の荒唐無稽と言えるものを本当にリアルだと思って見ているワキの実在性が非常に確かだと我々に思われる時に、ワキがリアルだと感じていることは我々にもリアルに感じられてくると思うのですね。つまらないお能を見ていると、ワキというのは少し受け答えするだけで後はただ座っていてさぞ退屈であろうという感じをこっちが持ってしまう。漱石のお師匠さんであった宝生新というワキの名人の話などを聞いてみると、やっぱり非常に気力を籠めて、今シテの行なっていることをいかにリアルに自分が感じ取るかということに精神を集中させているのですね。そういうものを通して、我々に今シテの舞っていることがリアルだと伝わってくるのだろう。ワキというのは家柄としてワキだけを演ずる家柄があるのです。シテだけを演ずる家柄がある。そこでワキの息子に生まれた人は何だか気の毒だという気がするのですけれども、しかし実はそうではなくて、本当のワキというのは実在性を保証する非常に重要な役なのです。能というものの実在性を保証する。

そこでこの複式夢幻能で『井筒』を考えてみると、前場の旅僧というのは普通のこととして里の女を見ているわけです。里の女が水を手向け、花を手向けているところでは、シテはワキと同じ次元です。ちょうど新劇で、我々の生きている時代と同じ時代の舞台の上に俳優が上がっているのを見ているのと同じわけでしょう。見物のほうも、前場ではそういうふうに見ているわけですね。ただこの里の女のちょっと異様な行動とことばがだんだん旅僧の理性と感覚を刺激してきて、旅僧の質問の密度がだんだん高まって行く。最後にその里の女が自分はまごうかたなき紀有常の娘であると一言告白してしまうところまで追いつめる。そこで彼女は消えてしまう。そこまではリアリズムでも説明できるのですね。

そこで、ああそうかと旅僧が思った瞬間にはもうその里の女は消えてしまっていて、茫然とそこに取り残された旅僧はしようがないと言って衣を敷いて寝る。といっても実際には座るわけですが、そのようにして旅僧が寝て見た夢が後場であると解釈できないわけではない。夢幻能ということばが出てきた理由の中にはそういうこともあるでしょう。いろいろな複式夢幻能で必ず旅僧か誰か、ワキが出てきてそれがだまって後場を見ているわけですけれども、その後場は彼が見た夢であるとして、前場はリアリズムの芝居と考えてもいいのです。普通の旅僧が在原寺へ行った。そこへ女が出てきた。問答を交わした。最後に不思議なことを言って消えたということを除けば後はリアルに考えられ、そこで寝た旅僧が見た夢が後場であると思ってしまえばそれっきりなので、それが普通の解釈なのです。

けれども、そうではないだろう。そうではなくて、この旅僧が後場で見たものこそがリアリティというものではないか、というのがぼくの考えなのです。つまりその後場で見たリアリティの前に、現実のリアリティを置いてしまうと――つまり、前場において旅僧が、自分と同じ次元のものとして見た里の女というリアリティを、後場の、ありえないことが本当にリアルに感じられたというリアリティの前に置くと、いつもは動かし難く見えていた前場の現実的リアリティがすべて自然主義的写実主義の、ただそういうものに見えてしまう。そういうリアリティを、複式夢幻能の後場というものは創り出しています。

現実にそこに本物がいると思えるかどうか。本物といっても本当の実際の人がそこにいるというのではない。舞台の上でレーニンを演るにしても本当のレーニンが出てくるはずがない、役者が化けたレーニンであるに過ぎないわけだけれども、それが本当にレーニンだと思われるかどうか。架空の登場人物であっても花子さん、本当にそれが花子さんであると信じられるかどうかということは、前場の単なるリアリズムでは出てこない。後場のそういう不思議なリアリティによって現出される。だからこの『井筒』の後ジテは何を演じていると言ったらよいかというと、里の女が紀有常の娘を演じているというようなものではない。もうそこに二百年前の紀有常の娘自身が出て来る。けれども数百年前のそんな女がそこに出て来るわけがない。しかしそれがそこにいるという、だから実在するというより、実存するということばを使った方がいいかもしれません。

2

以上、こういう説明は大変わかりにくいでしょうけれども、次にもう一つ、今日ゼロックスを取っておいていただいた『実盛』というので、これも複式夢幻能ですけれども、この例でお話ししてみると今のことが少しわかっていただけるかもしれないという気がします。問題を今度はことばという面から考えてみます。

この複式夢幻能の『実盛』というのはどういうお能であるかというと、ここでもワキとシテが出て来て、このワキもやっぱり遊行の僧です。

ところがこの『実盛』というのにはちょっと仕掛けがありまして、この僧は一遍上人の系統を受け継いだ大変えらい坊さんだということになっているのだが、これが毎日お説経をしている。すると、昼のある時刻になると、このワキの上人が独り言を言っているという噂が立つのです。それはどういうことかというと、実はシテの実盛、これも二百年前の人というわけなのだけれども、その実盛の霊が出てきてこの坊さんにだけ見える。そこで問答するものだから、実盛の霊は他の人に見えないから上人が独り言を言っているように見えるという設定があるのです。

ところでお能で非常におもしろいと思うのは、一人の謡い手が謡ったり語ったりしているその主体が自在に移り変わることですね。別なことばで言うと、能楽師というのは時に自分の役である、実盛なら実盛の役である、あるいは『井筒』の主人公の役である。しかし時には状況を語ったり、時には運命そのものであったり、時には別な役でもあり、時には自然そのものであったり、あるいはすべてのものであったりするわけなのです。それで、それを今ことばの面から『実盛』で考えてみたいと思うわけですが、とにかく能楽師というのは、舞台の上の何者かから何者かへ常に移り変わりながら、しかもそのどの一つにも没入してしまうことがなくて、そのようにして物語の中の一人の主人公の心理や性格を超えて世界全体を同時に描く、自在に描くということが可能な存在です。

『子午線の祀り』という芝居をつくる時に一つ考えたことは、群読の中に例えば平知盛がいて、自分のことを「新中納言知盛の卿は」と客観的に言うんですね。それでそれがいつのまにか知盛自身のことばになってくるという構造を考えたのも、一つはこの能の構造から思いついたことなのです。

それで、そういうふうに能楽師が、ある時は自分であり、ある時は他人であり、その中身はこれから詳しく言いますけれども、ある時は運命であり、または自然であるというふうに自在に移り変わることを可能にさせているのは、能の演出というか演技というか、それの全体なのですが、もう一つ、謡曲のことばというものもそれに関係していると思うので、ことばの面から『実盛』を少し考えてみたいと思います。

例えば、『実盛』の場合、主語が非常に見事に捨象されてしまっているのです。主語がない。そして主語がないということにおいて非常におもしろい効果を生みだしている。それを『実盛』の後ジテについて、このゼロックスの文面で考えてみます。

まず前場《まえば》では、ワキの坊さんと主人公の実盛との問答の末、最初坊さんにもそれが誰であるかわからなかったところの、普通の人には見えない姿で語りかけてくる人を、ちょうど『井筒』の前場と同じように、だんだんあなたは誰ですかというふうにいろいろ問いつめて行って、最後に、「さてはおことは実盛の、その幽霊にてましますか」というところまで来るのです。「紀有常の娘よな」と聞いたのと同じようにね。さてはあなたは二百年前に死んでしまった実盛のその幽霊にてましますか。そうするとシテの実盛の霊は、「われ実盛が幽霊なるが、魂《こん》は善所《ぜんしょ》にありながら、魄《はく》はこの世に留まりて」と言う。つまり自分は実盛の幽霊ですといって、魂も魄も両方魂《たましい》ですが、魂は冥土にありながら魄はこの世に留まりてと告白して消えてしまう。そこで中入《なかいり》ということになって次に後ジテになって出て来るのですが、「さてはおことは実盛の、その幽霊にてましますか」と問い詰められて、シテの実盛の霊は「われ実盛が幽霊なり」と「われ」、つまり〝私は〟という主語をこの前場では使っているのです。ところが後場《のちば》では主語をまったく使わない。主語を使わないということの有効性が、『実盛』の後ジテではうまく生かされていると思うのです。

そこで後場になって、後ジテが二百年前に死んだ実盛として姿を現わすのですが、これがいっさい主語を使っていない。後場の最初から見て行きましょう。

まず「後ジテが力強く登場」という解説があって、シテが「極楽世界に行きぬれば」と出て来るのですが、このセンテンスに主語がないでしょう。我、ということを言ってない。私が極楽世界に行ったらというように主語を使っていない。いきなり「極楽世界に行きぬれば、永く苦海を越え過ぎて、輪回の古里隔たりぬ、歓喜の心いくばくぞや、所は不退の所、命は無量寿仏とのう頼もしや」と、このことばの意味はややこしいけれどこれは後で註を見てください。そこで、「念々相続する人は」——念々というのは非常に短い時間のことだそうですけれども、絶えず念仏を続けている人は、とシテがいうと、地謡《じうたい》が、「念々ごとに往生す」と謡う。地謡というのは舞台の上手に二列になって座っているコーラス隊で、ギリシア悲劇でいうコロスみたいな役目をつとめる人々で、それが「念々ごとに往生す」と謡う。すると、シテが「南無と言つぱ」、地謡が「即ちこれ帰命」、シテ「阿弥陀と言つぱ」、地謡「その行この義を以つてのゆゑに」、するとシテが「必ず往生を得べしとなり」、地謡が「有難や」と謡う。そこでワキの僧が今度は情景描写するわけです。「不思議やな白みあひたる池の面に、幽かに浮かみ寄る者を、見ればありつる翁なるが」、つまり前場で見たあの人だ、前場で自分が会っていて、あなたは実盛の幽霊ですかといって問いつめたあの人が、というのが「ありつる翁」のことです。それが「甲冑を帯する不思議さよ」。ここでは鎧を着て出て来たのですね。そのことでワキが自分の印象を謡うわけです。するとシテがまた主語抜きで「埋れ木の人知れぬ身と沈めども」と、ここでも〝私は〟という主語を消しているのですが、意味は、私は「埋れ木の人知れぬ身と沈めども、心の池の言ひ難き、修羅の苦患《くげん》の数々を、浮かめて賜《た》ばせ給へとよ」と言うのです。するとワキが「これほどに目のあたりなる姿言葉を、余人はさらに見も聞きもせで」、つまり他の一般の人にはこの姿が見えない。俺にはこんなにリアルに見えているのにという。するとシテが、あなただけが、「ただ上人のみ明らかに」、ワキが「見るや姿も残りの雪の」、シテが「鬢鬚白き老武者なれども」、ワキ「その出立は花やかなる」、というのは鎧を着ていますから。するとシテが「よそほひことに曇りなき」、ワキが「月の光」、シテが「ともし火の影」という。ここまでに、それからこれ以後もこのシテは主語を一遍も使っていない。〃私は〃ということを言っていないのです。しかも地謡がいつのまにかシテのことをことばを補って謡う。それからシテが自分自身のことばを語る如くにしていつのまにかワキのことばを補っているという不思議な関係、その曖昧模糊としたことばの使い方、ことばの使い分け方がここにあるわけです。そういうことの積み重なりが、この次に説明する非常に不思議な効果を創り出して来ているとぼくは思うのです。もちろんその不思議な効果を現出する一番大きなものは、前にもいったようにこの能の演出全体なのですけれども、この場合ことばだけでたどって行ってもそのことが説明できる。つまりそれは何かというと、しばらく地謡とワキとシテの同じようなことばの操作が六、七行あって、そのあとから地謡が「暗からぬ、夜の錦の直垂《ひたたれ》に、夜の錦の直垂に、萌葱《もえぎ》匂ひの鎧着て、金《こがね》作りの太刀刀、今の身にてはそれとても、なにか宝の、池の蓮《はちす》の、台《うてな》こそ宝なるべけれ。げにや疑はぬ、法《のり》の教へは朽ちもせぬ、金《こがね》の言葉重くせば、などかは至らざるべき、などかは至らざるべき」と謡う。ワキが「見申せばなほも輪回の姿なり、その執心を振り捨てて、弥陀即滅の台に至り給ふべし」。するとシテが、「それ一念弥陀仏即滅無量罪」。地謡が

「すなはち廻向発願心、心を残すことなかれ」。シテが「時至つて今宵逢ひ難きみ法を受け」、地謡が「慚愧懺悔の物語り、なほも昔を忘れかねて、忍ぶに似たる篠原の、草の蔭野の露と消えし、有様語り申すべし」。これは加賀の篠原という所が場面になっていて、実盛というのは自分の郷里ではなばなしく討死したいということでそこに帰って討死したから、この亡霊がここで出て来るわけですけれども、シテが「時至つて今宵逢ひ難きみ法を受け云々」。ここでも主語が全然ないでしょう。それで地謡が「慚愧懺悔の物語り、なほも昔を忘れかねて、忍ぶに似たる篠原の、草の蔭野の露と消えし、有様語り申すべし」。自分が死んだ、あの実盛が死んだ時のことを物語ろうと、そこで実盛が語り始める。

その語りの内容が非常に不思議なのですが、「さても篠原の合戦敗れしかば、源氏の方に手塚の太郎光盛」、ここでは主語ではないけれどもその登場する人物の主体をちゃんと手塚の太郎光盛と言っています。「木曾殿」というのは木曾義仲ですけれど、光盛という人が「木曾殿のおん前に参り申すやう」、この光盛、私こそ、これは主語を使っている。この私「光盛こそ奇異の曲者と組んで首取つて候へ」、非常に不思議な人と取っ組んで首を取りました、というその相手は実は実盛なのですが、「大将かと見れば続く勢もなし、また侍かと思へば錦の直垂を着たり」、つまり派手な装いをして郷里に帰って討死したいというつもりで実盛はやってきた。「名のれ名のれと責むれども終に名のらず、声は坂東声にて候ふと申す」、つまり坂東武者の非常に野太い声である。すると今度は手塚の太郎というのが木曾義仲に報告するのです。「木曾殿あつぱれ斎藤別当実盛にてやあるらん」、それはきっと斎藤別当実盛だろうという。「然らば鬢鬚白髪たるべきが」、実盛だったら鬢鬚は白いはずなんだけれども、「黒きこそ不審なれ、樋口の二郎は見知りたるらんとて召されしかば」、この樋口の二郎がやってきて、「樋口参りただひと目見て涙をはらはらと流いて、あな無慚やな斎藤別当にて候ひけるぞや、実盛常に申せしは、六十に余つて戦《いくさ》をせば、若殿ばらと争ひて、先を駈けんも大人気なし、また老武者とて人びとに、侮られんも口惜しかるべし、鬢鬚を墨に染め、若やぎ討ち死にすべきよし、常づね申し候ひしが、まことに染めて候。洗はせてご覧候へと、申しもあへず首を持ち、おん前に立つてあたりなる、この池波の岸に臨みて」、以下ずっとあって、「鬢を洗ひて見れば、墨は流れ落ちて、元の白髪となりにけり」、――これは誰がやっているかというと、実盛自身なのです。実盛が自分自身の首を持って洗っている。そうでしょう。「さても篠原の合戦敗れしかば」と話し出したのが実盛の話です。で、その中でこの手塚の太郎光盛が木曾殿の所へ行って報告した。非常に不思議な老人と戦いました。大将かと見ると家来はちっともついていない。では地位の低いさむらいかと思うと錦の直垂を着ている。いくら名のれと言っても名のらない。しかし声は坂東声で野太い声だという。で、木曾義仲が、それこそ斎藤別当実盛であるだろう。しかしそうだとすると白髪のはずだけれども黒いのはどういうわけだというと、樋口の二郎というのが来て涙を流してこれはやっぱり斎藤実盛だ、常にあの人が言っていたのは、もう六十過ぎて白髪になって、戦さの場で若殿、若い連中の先に駆けて戦うのもみっともない、大人気ない。それから老人だといって人々に侮られるのも口惜しい。だから髪を墨で染めて若やいだ姿で討死にしようと言った。きっとそうでしょう、これ洗ってみましょうと、「申しもあへず首を持ち」と言って、扇を広げ、首を乗せたていで両手に持って立つ。そこでまさにそういうことをやる主体は樋口の二郎でしょう。これを洗うと墨が落ちて白髪が出てくるという訳なのですけれども、しかしこの時、扇を開いて両手で持って首を洗う姿をする人は斎藤実盛の役の人なんです。直接の文章の意味からいえば樋口の二郎なのです。しかしそれを語っているのは斎藤実盛で、あるいはもっと正確に言うと斎藤実盛のはず。はずというちょっとぼやかした表現をしないと正確でない。なぜかというと樋口の二郎がそうしたということを語った語り手の名前の主語が非常に巧妙に消されているわけです。実盛の語ったその実盛の主語が全部消されている。主体が消されている。捨象されている。だからずうっと読んでいくと、それは樋口の二郎なんだけれども、しかし実は斎藤実盛自身が自分自身の切り首を洗っているかのような不思議な光景が現出されるわけです。恐らくこれは、主語というものを意識的に世阿弥は使わなかったのだろうと思うのです。だからさっき言ったように能役者は、ある時は主人公であり、ある時は状況を語り、ある時は他のいろいろなものである。変幻自在な能役者の演技というものは、それを彼に可能ならしめるのは、たびたびいうように能の伝統的な演出自体なのだけれども、ことばに関係したところ、ことばの関与する限りでも、ここで見るように、巧妙な仕掛けがあるわけです。複式夢幻能というものの数はそう多くはありませんけれども、どれを読んでみてもここに具体的に示されているような非常に不思議なことが起こる。そしてしかもそれがまさにそうであるというリアリティがある。

3

西欧的な合理性を持ったドラマのつくりだすリアリティとは異なった――たぶん異質といっていい――リアリティということをお話ししてみましたが、これは確かに日本(人)の発想の原基形態のありようを示唆する例だと思うのです。しかし日本文化のアーキタイプ(ス)という課題とどういうふうにつなげることができるのかがまだうまく論じられない、というより、こういう具体例をいろいろ調べあげて、そこからアーキタイプ(ス)の姿をはっきりさせて行くよりないのかも知れないという気もするのですが、そういう意味からいえば、さっきの『実盛』の、主語がないという問題は、たぶん日本語論のほうからもいろいろ探って行ける問題なのだろうと思います。ただ、日本語論のほうはぼくは素人で、残念ながら論じられないのですが、ただ思い出すままに二、三のことを挙げてみると、例えば時枝誠記さんが『国語学原論』などの中で論じていられる問題、日本語は非論理的だということがひところ随分いわれましたね。主語がないとか、目的語があいまいだとか。しかしそうではないということを時枝さんはいっていられる。またいわゆる前衛文法の三上章さんにいわせると、日本の学校文法は英文法をいきなり日本語にあてはめたもので、そういう文法をやがて一世紀前から学校では教えているが、あれは国文法と称する第二英文法だというのですね。そういう立場から見ても、日本語が非論理的だというのは単純思考だということになるようです。やはり前衛文法の奥津敬一郎さんに、『「ボクハ　ウナギダ」の文法』という題の本がありますけれど、ヨーロッパ語の論理からいったら、〝僕は鰻だ〟

という表現はあり得ない。そうでしょう。料理屋に行って、「君は何だ」、「俺はウナギだ」というけれど、それを英語に訳したら非常におかしなことになってしまう。「僕は東京だ」、「僕は九州だ」――これも、「わが出身地は九州である」といわないと非論理的だということに、ヨーロッパ的発想でいえば、なる。しかし日本語ではそうではないんだということが、ずっとここ十年か二十年くらい出て来ているのではないですか。時枝さんはこういっていられます。「国語に於いて主語の省略といふことを、特例の様に考へることは全く当らないことであつて、実はそれは省略ではなくして、主語が表現されるに及ばない形式といふべきである。」印欧語における A is B 式の、copula でつないだ〝天秤型〟に対して、日本語が〝入子《いれこ》型〟であるという時枝さんの論も、いろんなことを考えさせてくれます。省略ではなくて主語が表現される必要がない形式であるだけである。三上章さんの『日本語の論理』という本の中には、「日本語は論理的でないか」、と「主語廃止のプログラム」という二章がある。また、文法という見方とは違った地点から、森有正君が三人称という問題をずいぶん論じました。日本語というのはつまり現実関与型、といってたかな、「ぼくはウナギだ」というのも、ことばでもってはっきり「私が欲するのはウナギである」と言わないで、自分を主体的に全部説明するのでなく、現実にそこにあるものとの関係においてことばが成り立っているというわけでしょう。そういう問題全体の文脈はぼくは知りませんが、例えば謡曲の場合の、主語がなくてそれでこういう効果を出してくるということをそれらの問題と結びつけて誰か専門家がやってくれると、おもしろい論ができるのではないかという気がします。

4

そこで、複式夢幻能というのはそういう意味でリアリティを創り出している。あり得ないものをまさにリアルなものとして感じさせる仕掛けを持っている。だから、この複式夢幻能というのは本来〝幻〟の字を書きますが、これはむしろ〝現〟とすべきではないだろうかと言った人があるのです。それは横田雄作さんという朝日放送の非常に優れた演出者でしたが、先年癌で亡くなりました。それと、これも亡くなった天才的な能役者観世寿夫君が、たぶん期せずして、やはり同じく〝現〟の説をいっている。どういう意味かといいますと、複式夢幻能の後場《のちば》がわれわれに示しているのは、いわゆる覚めた世界でのクリアなリアリティではない。だからそのものの輪郭も別にさだかではない。そこで部分部分を見定めることは非常に難しいのだけれども、しかしまざまざとリアルなものとしてわれわれに映ってくる。つまり自然主義的な、写実主義的なリアリティではない次元のリアリティをわれわれに訴えかけてくる。

『土佐日記』に、「かげみればなみのそこなるひさかたのそらこぎわたるわれぞわびしき」という歌が出て来ます。「かげ」というのは月影で、「かげみれば」というのは、月が波に映っている、船に乗っていて土佐から関西へ帰って来る途中、波に映っているその月影を見ると、「なみのそこなるひさかたの」、ひさかたは枕詞ですね、「なみのそこなるひさかたのそらこぎわたるわれぞわびしき」、つまり波に映っている月影を見ていると自分は空を漕ぎわたっているような気がするということですね。「水に映る」月影を見れば、その下に、波の底に空がある、その空を漕ぎわたる「われぞわびしき」というのは、わびしいかどうかちょっと別として、つまりそういうリアリティがあるわけでしょう。飛行機に乗って雲の上を飛んでいるのはこれはまさに飛行機に乗って飛んでいるというだけのことで、それはわれわれが創り出そうとしているリアリティではない。単なる現実であるに過ぎない。自然主義的現実、写実主義的現実ですね。それに対して、船に乗っていて、海面に映る月影を見ていると、自分は月の上を、空を漕ぎわたっているという感覚をふっと、しかし非常にリアルに持ったというのは、全く異質のリアリティです。つまりそれはまさに幻《まぼろし》の方の〝幻〟なのだけれど、しかしそれこそが本当にリアルな真実である。〝現〟である。森有正君のことばを使って言えば、そう簡単に言ってはいけないのだけれども、飛行機に乗ってああ空を飛んでいるなあと思うのは、一種の体験であるのに対して、波の底に映っている月影を見て空を飛んでいるという真実をふっと感じるというのは経験なんでしょうね。つまり自分にしかない真実、人が見ればばかばかしいと思うかもしれないが、自分だけには確実にそう感じられる真実というものを人にもわかってもらうようにするということが芸術におけるリアリティというものでしょう。だからドラマにおけるリアリティというのは、くりかえしてくどいようですが、自然主義的、写実主義的リアリティではない。これこそが真実だと自分に感じられたものを、もうひとつ人に訴えかけるものとして再創造するということであるだろうと思います。そこでそういうものを能役者が、きわどい瞬間に現出する。さっきいった観世寿夫君という、亡くなった天才の『井筒』を思い出しますが、お能でむずかしいのは、同じようなことをやっていて、やはり優れた人優れていない人があるのは仕方ないとして、同じ人でも優れている時と優れていない時とがありますね。なかなかいい能にぶつからないとぼくが言ったら、能評の専門家がいわくには、芝居と違って能は一晩しかやらない。そしてそれがいいか悪いかはそれをやる人にとっても賭けである。だからいい能にぶつかろうと思ったら、しょっちゅう能を見てなければいけないと言うのです。芝居だと幾日もやってるから、今度の芝居はいいそうだ、じゃあ行ってみようということになるのですが、こういう本質は芝居も能も本当は同じだと思うのですけれど、殊に能においては、さっきもいったように、きわどい瞬間に、役者にとってみればきょうは生きるか死ぬかという賭けみたいに、現出される。

5

ところで、さっきいった水に映る星影とか月影とかいうのは紀貫之だけかと思っていたら、バシュラールというフランスの哲学者のものにも出てくるし、ホフマンにも確か出てきますね。エドガー・アラン・ポウの詩にも出てくるはずです。それぞれの国の人なりの感じかたではあっても、水に映る月、水に映る星、そっちのほうに真実があるという考えかたは、一種インタナショナルなものでもあるらしい。ということになるとですよ、さっきお能を二曲挙げて、日本的リアリティの造出ということをお話しして、それと日本的発想の原基形態とはつながってるだろうということをいいましたが、それはそうに違いないけれども、一方でヨーロッパのドラマにも、ふつうヨーロッパ的合理性というような言いかたで割り切られているものを超えるなにかがある、総ての場合じゃないけれどもそういうケースもあるということを、一応考えておいたほうがいいかと思います。

そこでまず、いつもぼくが何かというと例に出す『オイディプース』というギリシア悲劇があります。あれはソポクレースという紀元前五世紀の人の書いた芝居ですが、テーベのよき王が十年間よき政治を行なってきた。するとそこで疫病がはやったので、何とかしてくれと町の長老達が王に訴える。そこで王は何とかしようとしてデルポイの神殿に伺いを立てる。そうすると、自分の父親を殺して自分の母親と結婚している男を発見すればいいという神託が下る。そこでよき王としてのオイディプースは一所懸命それを探そうとして、努力して努力して行って、最後にそれは自分自身であることを発見して、苦しんだあまり自分の両眼を潰して放浪の旅に出るという話ですね。これを、もう四年ぐらい前ですか、ギリシアの国立劇団が日本で演ったんです。これは、ギリシアの劇団が演ったからギリシア悲劇ということにはならないらしいですね。古典ギリシア語と現代ギリシア語は違うし、民族的にも違うらしい。古典ギリシア悲劇というのは日本人が演ってもどこの国の人が演っても同じことだという理屈になるらしいのですけれども、そのギリシア劇団はとにかくギリシア語で演ったんですね。それを見てぼくは不満だった。なぜ不満だったかを考えてみると、そこで演じられているものが、一人の男が非常な困難に出会って煩悶しているという舞台にしかなっていない。どういうことかというと、理も非もなく彼に劫罰を与えた神の視点というものが全然抜けているのです。困難に相対した男が悩んで闘っているという、これだけだったらこれはイプセンの芝居の亜流みたいになってしまうわけですね。たいへんに悩んで最後には自分の目を潰してしまった――その人間としての苦悩がちゃんと演じられると同時に、彼にそういう劫罰を与えた神、人間の力を超える存在としての神というものが舞台空間の内か外か知らないが、どこかにいないとあの『オイディプース』という芝居は成り立たない。ただし、そういう意味で成功した『オイディプース』の上演があるかどうか知りませんけれども、例えば、能の役者があれを演じれば、それもただ翻訳してそのままというのではなくて、翻案して演じればどうなるか。実は〝冥の会〟という、今はないグループですが、能、狂言、新劇が集っていた集団が、かつて『オイディプース』をやった。ただし翻訳でやった。見そこないましたが、翻案でやってみるといいと思います。人間の直面している困難と同時に、その困難を与えた神の立場というのが創り出せたらおもしろいだろう。ドラマの基本は対立だということをよく言いますけれど、単にAとBが対立してコンフリクトが起きるのがドラマなのではなくて、それはドラマの一部であって、やっぱりドラマというのは人間と人間を超える力とが相対峙しているところに漲る緊張感、それが基本だと思うのです。『オイディプース』の場合でも、いわれなき劫罰を神から与えられたよき王としてのオイディプースがそのいわれなきものとどう闘うかということで、作者は、ソポクレースという人は、ギリシアの当時、運命というものが考えられていた、その、人間としてはどうしようもない運命というものをどうやって突き抜けるか、それを主人公のオイディプースが自分で自分の目を潰してしまうという行為を経て、次の高い次元に出たという形で描いていると思うのです。それがあのギリシア国立劇団の舞台では創られていなかった。これは恐らくヨーロッパ演劇全体の問題かもしれません。能の持っているような、自分であり同時に他人であるというそういうものの系譜がないから、それはヨーロッパ演劇がこれから解決していかなければならない問題であるかもしれないし、同時に能がただ今の能のままでいたのではやはりどんな優れた能に感動しても、一歩外に出るとわれわれは違う世界に生きているわけですから、それだけでは自分の中のどの部分かが感動したに留まってしまう。そこでそれをどうやって綜合するか統一するかということがこれからの世界演劇全体の問題だろうと思うのですが、そっちへ話を持って行ってしまうと演劇論になってしまう。今いいたいのは、ヨーロッパにも――突っこんで考えて行けば日本の場合とずいぶん質の違った、しかし無縁ではない――そういう問題があるらしいということです。

もう一つだけヨーロッパの例を挙げれば『マクベス』。この芝居が今のぼくにおもしろいのは、これもある意味でお能の問題と重なるところがあるのですが、マクベスがだんだん自分を他者として見るようになってくるということなのです。それはどういう意味かというと、なにしろヨーロッパの芝居というのは、紀元前五、四世紀のギリシアから一貫してせりふも論理的に書かれていますから、謡曲にあるような翻訳不可能な、つまりヨーロッパ的論理では翻訳不可能なことばのつながりあいでは書かれていませんから、比べるのは無理といえばそれっきりなのですけれども、でもたとえば『マクベス』にしても、われわれが芝居を書く時には考えようもないようなオーヴァで荒唐無稽みたいなことばの使い方をしていますね。ただそれが日本の歌舞伎とかお能とかと違うのが、ことば遣いは荒唐無稽のように見えても実はリアルな心理を言い当てているということです。

そのことばの例を挙げるのはいま省略しますが、マクベスでおもしろいのは、彼がダンカン王を暗殺してしまう、そして殺してしまった瞬間にしまったと思い、だんだんその思いが深まってくるわけですね。ところが『マクベス』というのは一六〇五年あたりの作品、作者後半期の代表作の一つのわけですが、シェイクスピアの前期の作品、例えば一五九二年頃の『リチャード三世』なんかは、同じように王を殺して自分が王になるという芝居なんだけれども、これは一つのメカニズムとして客観的に書かれているわけですね。対立者を殺す、そのことで階段を踏み上って行く。と、そのことによって自分は敵を次々につくって行く。そして敵ができるから敵によってまた殺される。歴史の歯車の回転はそのようなものである、というメカニズムを、客観的にシェイクスピアは書いている。ところが後期の方になりますと、例えば『マクベス』の場合、そういうものとしても分析できるけれども、それよりもっと、自分がその殺人の現場の中にどんどん入って行く、ダンカン王を殺したら次はバンクォーを殺さなければならない。彼を殺すと次にはフリーアンス、バンクォーの息子を殺さなければならない。フリーアンスは逃げちゃうわけですけれども。そういうふうに、回れ右の利かない道へどんどん入って行くうちに、だんだんだんだん自分が他人に見えてくる。つまり、おれがこんなことをしちゃったのは間違いない事実だけれども、しかしどうしておれはここまで来たんだろうと、そういうふうにしている自分が不思議に見えてくるわけですね。で、自分を他者として見る。他者として見るのだけれども、しかしいくら他者として見てもそうやって見ている自分は、もう行為を犯してしまっているわけで、その行為を犯したら、必然的にもう一つ先へ、次なる行為へ進まなければならない。回れ右が利かない。先へ進まなければならない。そうやってずるずると入っていくわけですね、血の中に。だけれども入っていきながら、その入っていく自分をいわば客観的に、とりかえしのつかなくなってくる自分をずうっと見ながら、見ながら転落していく。真直ぐな並木路、vista, その坂道をまっさかさまに自動車が転落していくとしますね。転落していくことはまさにそうなんだけれども、同時にその転落していく自分が見える。あるいはその自分を両側の並木が自分の目になって見ているような、そういう感覚を非常に的確に描いている。だからそういう意味からいうと、お能では、一種不思議な様式で、自と他、あるいは運命というものを一人の役者が演じることになる。それに対してヨーロッパはもっと合理主義ですから、そんな不思議なことはないんだけれども、結果としてそれに似たようなことができているといっていいのかもしれない。それを直接並べてつなげる、また比べることは無理ですけれども。

＊

以上、課題の日本文化のアーキタイプ（ス）のまわりをただぐるぐる回って来ただけのことになってしまいました。問題を考える入口までやっと来たかという気がするというより、ぼくの場合はむしろ素材を提出したというところにとどまると思いますが、一応ここで終ることにします。

III

原型・古層・執拗低音

——日本思想史方法論についての私の歩み——

丸山真男

まえおき

大変ご丁重なご紹介をいただきました。最初からおことわりで申し訳ありませんが、私は講演という名のものは引き受けないことにしておりますので、今日もセミナーという形式にしていただきたいと思います。これは滅多に話をしないのだから有難く思えという意味では決してございません。ただ私の健康という単純な理由でそういう原則を立てております。

日本の思想のアーキタイプスということで話をしろという武田(清子)さんのご依頼だったわけです。私が、一九七二年に「歴史意識の『古層』」という論文を書いたので、そういう関係で恐らくそういうテーマを考えているとお思いになったのでしょう。それはそれでまったく見当違いとはいえません。

一昨昨年ですが、非常勤講師としてICU（国際基督教大学）に来ました時に、アジア文化研究所主催の「近代アジアにおける宗教と文化・社会の変容」と題する国際シンポジウムがありまして、そこでもこの問題の一部を「政治意識の古層」というようなテーマで話したことがございます（演題「〝まつりごと〟の構造」The Structure of Matsurigoto——Things Religious and Things Governmental——）。「古層」という名前については後でご説明致します。ただ、そういう問題を、ある時点、一九七〇年ぐらいから私が急に考えるようになったというわけではないのでございます。それでその由来をまずお話ししたいと思います。

私は大学在籍当時は日本政治思想史の——正式の東大の講座の題名は、東洋政治思想史といっておりましたが——講座を担当していたわけです。そういう日本政治思想史という領域は法学部の中で言うと、きわめてペリフェラルと申しますか、辺境に属する学問です。別に卑下してそう言うのではなく、事実問題として法学部で何といっても主力を割くのは実定法の解釈学であり、またその中の政治学科にしましても政治学や行政学・政治史・外交史などが中心になるのは当然でございます。政治学科の中でも私が担当しておりました東洋政治思想史は選択科目でした。法学部は戦後のある時代からAコース、Bコース、Cコースの三つに分かれ、Aコースは司法、これは主として裁判官や弁護士になるコース、

Bコースは通称公法コースと申しまして、だいたい行政官とか、あるいは会社に入るコースです。Cの政治コースというのはそれまでは実質的にBコースに含まれていたのが独立したのですが、学生数は一番すくないのです。一時はあまり少数なので廃止しようかという議論が出たほどです。私の講座はその政治コースの中のまた選択科目ですから、マス・プロの法学部でも、聴講者が一番多い開講時でせいぜい百人ちょっと、すくない時は十数人でした。選択科目ですから、聴きたいという意欲をもった学生だけが最後まで聴きにくるわけで、私としてもやりがいがあったのです。

そういうわけで、私の本来の専攻は日本政治思想史なのですが、ただ、不幸にしてと言いますか、時代の巡り合わせと言いますか、戦争直後はきわめて特殊な状況がございまして、政治学者の絶対数が非常にすくなかった。日本では元来政治学者はすくないのですが、戦争中の言動のために追放になったり、自発的に辞職されたりして一層現役の学者がすくなかった。そこで自分は日本政治思想史を専攻しているということではすまされなくなった。政治学のいろいろな広い問題について店を広げざるを得ない状況があったわけです。もちろん正直に言って、外の嵐に窓を閉ざし象牙の塔にひきこもって果して学問の自由を守ったといえるか、一市民としての義務はどうなのだ、という自己批判と気負いとのいりまじった気持もありました。

そういう時代に書いたものが先ほど武田さんがご紹介になった『現代政治の思想と行動』に収められているわけです。そちらの方で世間に虚名が出て、私は政治学者ということになってしまったわけです。広い意味で政治の領域の研究者にはちがいないのですが、私の本来の専攻領域は日本政治思想史というきわめて特殊な、法学部の中でもきわめて隅の方に位置している学問で、講義でもむしろ文学部の学生が聴講に来たりする、そういう科目であったわけです。

ついでに申しますが、私が政治学者ということになって、政治についての百科全書的なテーマをもちこまれるようになったもう一つの理由は、政治学という学問が、その中でどういう区別と専門があるかということが、例えば経済学と比べますと一般に常識化されていないからです。大変偉い人の例を挙げて失礼ですが、ＩＣＵにご関係になっていられる大塚久雄先生。昔から尊敬する大先輩ですけれども、親しくおつきあいしておりますので、先生といわないで大塚さんと呼ばせていただきますが、例えば大塚さんのところへ、来年の景気はどうなりますかと聞きに行く人はまずないと思いますね(笑)。大塚さんは経済史の学者で、来年の景気の変動というようなことはやっておられないということはジャーナリストの間でも常識となっているわけです。

ところが政治学の場合、そういう領域の区別は常識になっていないのです。したがって、参議院の制度をどうしたらいいですかとか、今度のフランスの総選挙はどうですかとか、どういう質問に当面するか分からない。今でもこの種の質問に悩まされているのが現況で、私は政治思想史という分野をやっていて、そういう問題に専門的なお答えはできないと言ってもなかなか分かってもらえないのです。事実、私が大学に在職した三十年余りの間に、「政治学」の講義をしたのはわずか二回で、それも教養課程へのまわりもちか、でなければ専任教官が来るまでの「つなぎ」でした。

ですからプロの学者、つまりむつかしく言えばマックス・ヴェーバーの言う「職業としての学問」に従事している研究者としては、日本政治思想史というものが、私の本来の場で、他は極端にいえば夜店を出したようなものです。しかも私の領域は教科書の類さえ殆んどないような未発達の領域です。そこで一日も早く夜店をたたんで本来の仕事に帰りたいと多年思っていたわけでございます。幸いにしてその後非常に優秀な政治学者がたくさん出てまいりましたし、私も多年夜店の領域ではものを書かないよう努力して来ましたので、どうやら今では夜店をたたむことがほぼできました。それでも「丸山政治学」などという他称の虚名が今でも往々用いられるので閉口している次第でございます。

たいへん弁解じみたことを冒頭に申して恐縮ですが、要するに政治学の一般理論とか、現状分析とかについては私はひきつづいて勉強していたわけではないこと、その反面プロの研究者としては、どうやったら日本の思想史の特質というものをつかみ出せるかということは、最初から今日までずっと考えてきたつもりで、必ずしも「古層」の論文あたりで思いついた問題ではない、と申したかったのです。

「歴史意識の『古層』」という論文を『歴史思想集』(筑摩書房「日本の思想」第六巻)に書いたのは退職後の一九七二年です。その前に私は肝臓を長く患って療養中で、しばらくものを書かなかった。そこでいろいろな反響がありましたけれども、丸山はこの論文から変ったのではないか、はなはだしきは大学紛争で「転向」したのではないかという説さえもありました。ひとの言うにまかせよ、ですが、今日のテーマはどうしてそういう考え方が長い歳月の間に私の頭の中で熟して行ったか、ということに関係してまいります。

思想史の方法一般につきまして、私がどういうパースナルな思想的遍歴をたどったかということは、一九七八年(昭和五三年)に、名古屋大学の教授であって不幸にして亡くなられた守本順一郎君という、同じく東洋政治思想史の講座を担当されていた方の追悼論文集

(『名古屋大学法政論集』七七)の中で、「思想史の方法を模索して」という題で一つの回想として小さなものを書きました。それは論文の頁数の制約もあって、戦争が終わったところで話がおしまいになって、戦後のことは終りにほんのちょっとしか触れていません。

そこで今日は、私の戦中の労作である『日本政治思想史研究』におけるアプローチから、どういう風に、また何故に変ったか、ということを中心にして戦後から話を始めたいと思います。もし敗戦前までの私の精神的遍歴に好奇心のある方は、いま申しました『名古屋大学法政論集』のなかの「思想史の方法を模索して」という論文を参照下さるよう恐縮ながらお願い致します(もっともそこでは、特殊に日本の思想史には触れておりません)。

戦争直後には、さきほどの「夜店」の問題はべつとして、やはり戦争中からの道程、つまり『日本政治思想史研究』の問題意識を引継いで歩もうと思っていました。ひとつは私のあまのじゃく根性から、世の中が一変したからといって、即座に自分の根本の考え方を変えることへの反撥がありましたので、意地を張るつもりも正直にいってありました。ただ、その『日本政治思想史研究』を戦後に書物にするときに「あとがき」の中で、「私の今後の日本思想史研究は本書において試みられた方法や分析を既に一義的に確定されたものとして、ただそれをヨリ豊かにして行くということにはならないであろう。(中略)新たな視角と照明の投入によって、全体の展望は本書におけるとはかなりちがったものとなるにちがいない――という予測を持つ」と書きました。まあ一種の予感みたいなもので、具体的にはどういう視角とどういう照明をあてるのかということは私の念頭にはありませんでした。けれども先ほど申し上げましたように、一九七〇年代に急に私が「古層」とかアーキタイプとかというものを考えついたわけではなく、そこに至る道筋があるわけです。その大まかな経路をお話ししたいと思います。それも主として日本政治思想史の方法論の問題としてお話しするわけです。

1

戦後になってすぐ私の頭に浮んできた反応は、戦争中の思想的な鎖国がとけたということです。つまり敗戦まではご承知のように日本は非常に厳しい思想統制を敷きました。先ほど武田さんからご紹介にあずかった論文を書いた時代には、もちろんすでに英米仏の洋書が入って来ない。ところが南原先生は非常に反時代的というか、あの時代に対する抵抗の立場ですから、助手論文の註は半分くらいは外国語の文献を使え、などと、無茶なことをおっしゃる。徂徠や宣長を書くのに半分くらい外国語の文献を使えなどというのは、文字通りにとれば無茶な話なのですけれども、それ自身が当時たいへん流行っていた日本精神論とか皇道精神とかそういうものでは駄目で、もっと日本思想史というものを科学的に取り扱わねばならないという先生の意図から発しておられたわけです。しかし、現実には枢軸国以外の外国、とくに英米からは全然書物が来ず、一般にドイツも含めて洋書輸入が激減しました。学術書だけでなく、新聞雑誌もふくめていわゆる欧米文化の全面排除の時代です。

それがご承知のように、戦後にはどっと「開国」になったわけです。「鎖国」から「開国」へという現象――それが一研究者としての私の目の前にひろがった現実だった。学問的な考察の以前に、日常現実の体験としてそれがありました。解放されたという感覚は、同時に思想的な開国を意味したわけです。

その時に私にダブル・イメージとして映ったのが明治維新だったのです。戦争中から私は自分の専攻の問題もありまして、東大法学部が管轄している「明治新聞雑誌文庫」というところに、たえず入りびたっていました。そこに幕末維新以後からの新聞雑誌についてては日本で一番良いコレクションがあります。そこで漫然と維新直後の新聞雑誌を見ておりますと、軍隊から復員した直後に、私がこの目、この耳で見聞した戦争直後の世相といろいろな点でおどろくほど似ているのです。旧体制が崩壊して、これまでせき止められていた西欧文化が怒濤のように流入して来るという点がまず似ています。それからいままでのきびしい検閲時代にかわってセックスものや残虐ものがほとんど野放しに氾濫し出したという点でも似ています。維新後にはだいたい、ざんぼう律とか新聞紙条例とか、言論に対するいろいろな取締りが、明治七、八年ごろから一四、五年、自由民権運動の高揚期にかけて出て来ますけれども、それまでの、幕藩体制の崩壊した直後は、政治的言論も野放し状況なのです。江戸の社会が封建社会と規定できるかどうかというようなむつかしい話は別としまして、すくなくとも江戸時代の、特に末期にはいろいろ言論出版の統制がひどくなります。皆さんご承知の、『夢物語』のような蘭学者の書物はもちろん、人情本とか柳亭種彦の『修紫田舎源氏』というような書物まで検閲にひっかかって禁止されたり、著者が処罰されたりする。ところが、そういう制約が御一新とともに一挙にとりはらわれる。そうして西欧政治思想も、民主主義はむろんのこと、例えば共産主義の思想と運動までどんどん自由に紹介される。しかも私にとくに印象的だったのは感覚的な解放です。当時の雑誌、新聞を見ますと、エロ・グロなどという言葉をつかうと私の年がわかってしまいますけれども、今でいうと「エッチ的」(笑)な方面でも完全な野放しなのです。むしろ艶笑ばなし専門のような雑誌まで出される。それが、私には戦争直後の状況とダブル・イメージになって映った。戦争直後にも「カストリ雑誌」と称していましたけれども、そういう方面の雑誌が思想的解放とならんで噴き出るように店頭に氾濫した。「欲しがりません勝つまでは」のスローガンが逆転したのはけっして物資だけの問題ではないのです。もちろん、国民的独立を失わずに開国した維新と、敗戦―占領の結果としての「開国」とのちがいという重大な問題はありますが、にもかかわらず私の頭に湧いた右のようなダブル・イメージがあり、それを背景として、「開国」という問題の思想史的意味を考えようとした。筑摩書房で、『現代倫理』というシリーズが出ましたが、その「転換期の倫理思想」という巻のなかで、一九五八年に「開国」という論文を書いたのが(出版は翌年)一応思想史的な論文としての結実ですが、その前に戦後を「第二の開国」とか「第三の開国」というように特徴づけたのは、たしか何か労働組合の学習会のようなところで、時期的にも私の結核による入院(一九五一年二月)以前だったように記憶しています。「第二の開国」というのは、明治維新を「第一の開国」とし、今度の敗戦を「第二の開国」といったわけです。「第三の開国」という場合はつまり、一五世紀末から一六世紀にかけてのキリシタンの渡来、南蛮文化の渡来が「第一の開国」で、幕末＝明治維新が「第二の開国」で、今度が「第三の開国」ということになるわけです。今日は短い時間ですから、この「三つの開国」の意味を乱暴に要約しますと、第一の開国は、キリシタンの禁制とともに全面鎖国に終わった。もちろん、長崎の出島という外につながるせまい穴はありましたけれども、それ以外は海外からのあらゆる文化および情報をシャット・アウトしようとした。江戸時代の「鎖国」の歴史的なプラスとマイナスはまた別の問題です。これは、あとでもし質問でも出たら言いますけれども、プラスの面もあったのです。しかし、第一の開国はすくなくも全面鎖国になったわけです。これに対して、「第二の開国」、つまり幕末維新の「開国」はどうなったかというと、これも非常に乱暴に申しますと、イデオロギー的鎖国、技術的開国という使い分けに終わったわけです。つまり、「良きをとり悪しきを捨てて外国《とつくに》に劣らぬ国になすよしもがな」という明治天皇の有名な「御製」がありますね。あの歌は象徴的です。富国強兵のために必要なものは西洋からとり、そのために害をなすものはとらないということです。当然まっさきにとったものは産業とか技術とかいわゆる「物質文明」であって、そういう面で「開国」にしてしまったわけです。西洋イコール物質文明という根強い等式は、実は日本の近代が自分で西洋に投影したイメージの反射であり、あるいは「つまみ喰い」の輸入の逆投影なのです。「悪しきをすてる」という面は初めからそうだったわけではありません。明治政府が明治一〇年代からだんだんイデオロギー的な統制を始めた。それが帝国憲法と教育勅語の制定ということによって一つの画期になるわけです。いわゆる「国体」という近代日本の観念はすでに幕末水戸学などに出ておりますけれど、簡単に言いますと、「国体」が日本の軸になって、それに奉仕し、それを強化するものは外国(具体的には西洋)からとり、それに反する「悪しき」イデオロギーや制度は排除する、という「選択的」開国が明治二〇年代以後の近代日本を通ずる特色です。むろん「国体に反する」といっても、昭和の美濃部天皇機関説問題が示すように、それ自体の定義が時代によってことなり、「大正デモクラシー」といわれるような、比較的に思想的自由があった時期もありますが、大ざっぱに概括すると、イデオロギー的鎖国、技術的＝テクノロジー的開国という使い分けが近代日本の特徴で、そのもっとも極端になった一九三〇年以後の軍国主義時代にも、技術面では開国だった。技術や自然科学関係の人々の多くが、戦争中を自由のない「暗い谷間」と必ずしも考えていないのは、そのためです。そうして今度の敗戦で、その使い分けがきかなくなって、「第三の開国」という時代が来た。つまり全面開国です。これからまたどうなるかわかりませんけれども、すくなくも戦後は全面開国になった。それは「国体」の崩壊、つまり近代天皇制という統治構造——これはただ天皇がいるかいないかという問題ではなくて、一つのあるまとまりをもった政治構造であり、また経済構造なのですが、そういうものが崩壊し、したがってそれを支えていた国体イデオロギーも一挙に崩壊したのが戦争直後であります。ですから全面鎖国から使いわけ開国、それから全面開国という三段階を経たと思います。もちろんこれは個人個人のレヴェルではなく、国家レヴェルの問題としてそういうのです。こうして戦後になって私は開国という問題を日本思想史の中に投入しようとした。それが論文になったものが、先ほど申しました一九五九年の「開国」という論文でありますけれども、そういう考え方はもっと早くから私の頭のなかにあった。先ほどの労組での話もパンフになっているはずですが、それはどこかに紛失しました。その代りに一九五〇年代の講義案をここに持ってきたわけです。

　教授の講義案をプリントと称して、本郷で売っているということは私の学生時代からある伝統で(笑)、厳密に言うと著作権侵害なのですけれども、戦後でも聴講学生がアルバイトにプリントをつくり、生協出版部から学生に売っている。もちろん一応、私に許可をもとめますけれども、試験の間際になってもってくるものですから、いちいち校閲している暇がない。目を通した学年のもありますけれども、目を通さない年の方が多い。したがってその学期にノートを筆記した学生によって出来不出来が大変はなはだしい(笑)。意味が反対になっている場合さえすくなくない。主として講義の対象は維新以前の日本思想史の講義ですから、時代からいっても法学部の学生には特になじみがないのは当然です。そこで、いちいち黒板に漢字や漢文を書けばいいのですけれども、それを省略したために字が間違っていたり、意味が反対になっていたりする場合が非常に多くて私も閉口したのですが、このプリントは今になってみると私自身非常に便利、かつ有難く思っているのでありますす(笑)。なるほどこのときにこういう講義をしたのかということが私にもわかる。私のように講義を教科書として書物にしないものには助かるので、今日ここへ持ってきたわけです。ここにあるのは第一分冊だけですが、これは私がどういう思想史の講義をやっていたかという「証拠物件」の意味で持ってきたので、いちいちこの内容をお話しするつもりではありませんから安心して下さい(笑)。

例えば、一九五七年の講義を見ますと、その中に「視圏(perspective)の拡大と政治的集中」という章が設けてあります。ここで幕末維新を描いたわけです。「視圏の拡大」というのは言うまでもなく、世界像が広がって、今まで中国大陸の方向を向いていたのが、今度はヨーロッパやアメリカに眼を向けるようになったということです。視圏が拡大するというのは、たんに量的に視野がひろがるというだけでなくて、世界像自身が変わってくることを意味します。単に認識が対象的に拡大されるという意味だけではなくて、認識主体を変革する作用をする。これは思想史あるいは精神史の問題として非常に大事なことなのです。認識主体の問題であるということを理解しないと、例えば皆さんの誰でもが知っているガリレオの地動説の遭遇した運命もわかりません。つまり、天動説から地動説に変わったということが、宇宙の認識対象だけの問題でしたら、別に地動説でも構わないではないかと一応は思われます。どうして当時あんなに地動説が迫害を受け、弾圧されたのかということはわかりません。これは、実際は人々の世界像というものが単なる個々の認識の対象の問題ではないからです。世界像というのは自分を支えてくれる精神的支柱みたいなものなのです。つまり、人間というものは、自分の周囲に、あるいは大きく言えば世界に、たえず意味を与えながら生きていく動物でありまして、これが動物と人間との基本的な違いです。意味賦与ということは、価値判断だけでなく、これは歯ブラシである、これを以て私は歯をみがくのだ、という認識自体がみな、周囲の事象にたいする意味賦与です。意識すると否とにかかわらず、われわれは絶えず周囲からのメッセージに意味を与えながら生きている。もっとも日常的にはいちいち意味を賦与するのは面倒ですから、ルーティンをつくってその過程を省略します。歯をみがくべきかみがかざるべきかなどと一々考えない。けれども新しいメッセージが来ると、つまり新しい経験に遭遇すると、ルーティンではすまなくなって新しい意味賦与をしなければならない。こうした個別的意味賦与を相互に関連づけたのが、宇宙像とか世界像です。世界像のなかで自我は自分の位置づけが出来、したがって安定感をもちます。世界像が変わるということは自分の位置づけが変わるということです。自我のアイデンティティというものが見当がつかなくなるのですから、自我の非常な危機になる。これは必死になって食い止めなければいけない。そういう役割を一人一人の人間に代って代行したのがローマ・カトリック教会です。今日から見るとバカバカしいようですが、宇宙と人間のイメージが音をたてて崩れるかどうかという問題であって、けっして、単に自然科学の上の、認識の対象の問題ではない。自然科学上の一つの学説として放置できないのです。これは正統的な世界像というものが前提されている社会では、いつ、どこでも起る問題で、ソ連におけるルイセンコ学説の問題なども基本的には同じです。話が大きくひろがりすぎましたが、幕末における視圏の拡大ということも、地理的認識がひろがった、というような単純な問題ではないのです。永い間通用していた世界イメージ、そのなかでの自分自身の位置づけが崩れることをも意味した。自分がいわば安住していた環境からほうり出されるのです。幕末の「開国」というのは、そういう精神的衝撃だったわけです。

そういう問題を扱うつもりで、例えば昭和三三年（一九五八年）度の講義を見ますと、歴史的に「三つの開国」を論じ、また「閉じた社会」と「開かれた社会」というタイプを論じています。ここで「閉じた社会」と「開かれた社会」というのは、もとアンリ・ベルクソンが立てた有名な定式です(La société close et la société ouverte)。また、ずっと最近になって、例えばカール・ポッパーという学者は、意味は少しベルクソンと違いますけれども、「オープン・ソサエティ」という言葉を使って、プラトン以来の思想史を扱いました。日本の場合にはちょうど「鎖国」というコトバが明治以後使われて来ました。そこで私は、「開国」という問題を鎖国から開国へ、という日本の遭遇した歴史的経験と、それから closed society から open society へという超歴史的な――というか、何度でもくりかえされる普遍的な問題という二重性においてとらえようとしたのです。

「開国」という論文の解説や、一九五〇年代の講義内容を説明することがここでの目的ではありません。そうでなくて、何故こういう観点が私の精神の中に成熟して来たか、という由来をお話ししているのです。そこには戦争中の思想的な鎖国が解かれた直後の状況と、たまたま戦争中に読んでいた維新の精神状況とがダブって私の目に映った、という学問以前の、あるいは学問を超えた生活経験が背景にあったわけです。

ところが、そのことが同時に思想史、具体的には日本思想史の方法論についてのこれまでの考え方を大きく変えないではおかなかった。なぜかといいますと、私はかつてマルクス主義者であったことはありませんけれども、何といっても時代から言って思想的および学問的に非常にマルクス主義の影響を受けて来ました。当面のテーマに限定していうならば、普遍史的な歴史的発展段階があることを当然の前提として思想史をも考えていた、ということです。古代的・奴隷制社会——その前に「アジア的」という段階を設定するかしないかというような厄介な問題はありますが、それは別としても——さらに封建制から資本制へという段階設定、もっと細かくいえばマニュファクチュア段階から機械制大工業へというような生産様式および生産関係を基礎にした歴史的発展が、世界中に通用するという想定が、マルクス主義にはあります。むろん具体的に、日本とかドイツとかの歴史にそういう普遍的な発展段階論を適用するということになりますと、マルクス主義者のなかでも、見解が分岐しますが、そういう発展法則が世界史的に共通に存在するという大前提は共通しています。私は哲学的にマルクス主義に疑問を持っていましたし、また、上部構造としての思想史という立場だけで思想史の解明が出来るか、ということについても、すくなくも私の勉強したマルクス主義者の説明では納得が行かなかった。けれども、思想史も歴史にはちがいないし、歴史を考える上ではやはり世界中にあてはまる歴史的発展段階があるはずだというのが、私の基本的な考え方で、それが先ほど申しました二〇歳代の未熟な著作、つまり『日本政治思想史研究』の基底に流れている歴史観です。朱子学的思考様式の解体が、ちょうど中世スコラ哲学の実在論《リアリズム》から唯名論《ノミナリズム》への変容に相当《コレスポンド》するという見解自身が、こうした普遍史的な歴史的発展を前提にしているわけです。ところが、「開国」を思想史的問題として扱おうとするとどうなるか。だいたい、ルネサンス、リフォメーションン以後、西ヨーロッパでは「開国」という思想的問題自体がありません。そうすると、「開国」という歴史的現象がそもそも東アジア特有の問題ということになります。日本だけではありません。朝鮮も中国もほとんど同時に当面した問題です。つまり、こうした東アジアの諸国が西欧の衝撃《ウエスタン・インパクト》を受けて、西欧に向って——自発的から強制的まで、さまざまのニュアンスで国を開くというのが開国です。だから西ヨーロッパの諸国にそういう現象がないのはあたりまえなのです。帝政ロシアにはちょっとそれに似た問題がピョートル大帝のころ以後にありましたが、すくなくも英・独・仏・伊・スカンジナヴィア諸国といったヨーロッパの国にはそういう「衝撃」はありません。これは実は「文化接触」――異質的な文化が接触する、という問題の一つのヴァリエーションですから、大昔にはヨーロッパにもありました。むしろ、これはあとでも触れるかも知れませんが、ヨーロッパほど太古からはげしい文化接触を経験して来た地域はない、といってもよいくらいです。けれども一五、六世紀以後のヨーロッパには、一九世紀の東アジアにおける「開国」にあたる経験はなかったのです。

この文化接触としての「開国」ということは、古代的・封建的・資本制的といった歴史的発展を縦の線で表わすなら、横の線――いわば横波を受けるという比喩で表わせます。ご承知のように、労農派と講座派という二つの学派の大きな論争が、日本の資本主義の発展をめぐってあったわけですが、それは日本の資本主義における封建的なものの位置づけをめぐる論争であり、やはり縦の発展段階の系列に属するものです。ですから、徳川時代の思想史の問題に即していえば、封建的な世界像の胎内に、どういうプロセスでブルジョワ的な、あるいは市民的な世界像が成熟して来るか、という問題設定になるわけです。私はいろいろな点で、当時のマルクス主義者の「反動的」とか「進歩的」とかいう思想の規定の仕方に疑問をもちました。それは『日本政治思想史研究』を辛抱してじっくり読んで下されば、よくお分りになると思います。けれども、それにもかかわらず、卵のなかにひよこが育って、殻をやぶってとびだすというような形で思想や世界像の内在的な歴史的変化に着目するという点では、たとい、どんなに公式的な割り切りに反対して、微妙な、地下で進行している思想史的変遷に目を向ける、といっても基本的に歴史的発展――つまり縦の線――の見方の枠内にあります。どうもそれだけでは幕末維新の思想的景観を、さらに、今度の戦争以後の思想的文化的景観をとらえ切れないのではないか、いわば横からのいわば大波とか洪水の衝撃――そのインパクトというものに大きな思想的意味を与えて初めて「開国」というものが思想史的な対象として問題になってくるのではないか。といっても歴史的な縦の線を辿る方法が無意味というのではむろんありません。ただそれだけでは十分でなく、「横から」の急激な文化接触という観点を加えることがどうしても必要と考えるようになったのです。「縦」一本槍で行けば、横からの洪水というのは、「ブルジョワ文化」の一層の成熟(あるいは頽廃)過程という「縦の」段階の問題に結局は解消してしまいます。けれども「閉じた社会(文化)」と「開いた社会(文化)」との対比という問題設定には、そもそも特定の地域あるいは特定の発展段階をこえて、歴史的にいえば何度もくりかえす可能性のある構造論的なアプローチがつきまとっています。西ヨーロッパ自身の歴史にしても、古典ギリシアまたは中世にさかのぼれば、「閉じ」たり「開い」たりの繰り返しとも見られます。先ほど「開国」に歴史的意義と、超歴史的象徴との二重の規定づけが可能だ、といったのも、同じ意味なのです。

こうした「開国」——直接には幕末維新の歴史的開国——について考えて、文化接触の契機を日本思想史の方法に導入し出したのが、とうとう「古層」——古層というコトバの適否についてはあとでまた触れますが——という考え方に辿りつくきっかけとなったわけです。

2

そういう視角から、思想の問題に限らず広く日本史をさかのぼってみますと、七世紀の大化改新から律令制度の建設という一連の過程というものは、明治維新と並ぶ、日本史における二大転機です。そうして明治維新が、西欧の衝撃なしにはあの時期に起りえなかったと同じように、維新と並ぶ律令制への大変革は、朝鮮半島をふくめて中国大陸、もっと具体的に言えば唐文化との大規模な接触による衝撃なしには考えられなかった。律令制に至る大規模な制度的な変革を見ると、モデルはほとんど唐制からとられています。ちょうど維新以後、フランス、のちにはプロシアをモデルにして全面的に日本の行政・軍事・教育・経済の全般にわたる制度的な変革がなされたのとパラレルです。外交面で言って、幕末にロシアを先頭とするアメリカ・イギリス・フランス等の圧力下に非常に困難な状況に立たされたように、六、七世紀の日本は朝鮮半島をめぐってきわめて厄介な国際関係にまきこまれていた。そうした「外圧」という要因でもこの二大変革は似ているわけです。それに対応するために、隋唐、とくに七世紀以後は唐制をモデルにして、中央集権的な官僚制への再編成がなされた。下級官僚の組織にいたるまで、名前はちがっていても実質的にはおどろくほど唐制を模倣しています。むろん内在的な歴史的条件の成熟があったにしても、外圧の契機なしには、あれほどの制度的変革——すくなくもそういう変革の切迫性の自覚は生れなかったでしょう。外圧とか国際的衝撃というのは単に外から侵略されるというような狭い軍事的問題だけではなくて、異質的な、しかもこれまでの日本と比較して非常に高度な文化との接触のことです。このようにして、どうしても文化接触という横波の契機を日本思想史の視野にとり入れねばならぬと考えるようになりました。念のために申しますが、それは維新の場合でいえば、たんに当時のヨーロッパの政治・文化・思想の圧力という意味にとどまらないのです。そういう意味の「外圧」ならマルクス主義者もふくめてあらゆる歴史家がこれまで問題にして来たことです。けれども発展段階論を前提にすれば、そうした「ヨーロッパ」は絶対主義とかブルジョワジーの制覇期とか、帝国主義段階とかいった、縦の歴史的特徴と不可分にむすびついていますから、「西欧の圧力」というのも結局は「縦の」発展のなかに解消することになります。私が文化接触というのは、——どんなに一方的な衝撃にせよ——何百年のちがった伝統をもった構造的に異質な文化圏との接触の問題なのです。

もう一つの問題があります。それは、開国の問題と直接には結びつかない日本歴史の時代区分ということです。日本の思想史にかぎらずおよそ日本の歴史を勉強しますと、どなたでも気がつく問題があります。これまで「縦の」歴史的発展段階のことに言及しましたが、実はこの段階論に限っても、これを具体的に日本史に適用しようとすると非常に困難な問題にぶつかります。時間がありませんから急いで申しますけれども、日本史を見ますと、歴史的段階の区分というものが、生産様式とか生産関係とかだけではなくて、政治史の領域でも、西ヨーロッパと比較するのが非常に難しいのであります。例えば、先に大化改新が画期的な変革であると言いました。私は法とか政治を主にやっておりますので一応その方面の言葉で申しますと、大化改新以前の蘇我氏とか物部氏とかが臣や連として割拠していた体制を氏姓国家といいます。これは、大和朝廷による、畿内を中心にした蘇我氏や物部氏などの諸豪族のルーズな統合体制といえます。ここでは、天皇家も豪族の中の一つ(せいぜい primus inter pares)にすぎないわけです。こうした体制から大化改新のクーデターを経て、先に申しましたように、皇室を頂点とする太政官制、つまり中央集権体制としての律令国家への途が開かれるわけです。氏姓国家と律令国家との間には、国家制度としては非常に大きな断絶があります。ところが、社会体制として見ますと、だんだん地方史料などが出て来て一層はっきりしたのですが、両者の間には意外に連続性があり、オーヴァーラップしているということがわかったわけです。唐制をモデルとして大規模に制度変革が行われるのですが、たとえば氏姓国家の段階における国造《くにのみやっこ》という地方の半ば独立した豪族は制度としては廃止され、中央政府の任命する国司・郡司という地方官制度にとって代られるのですが、実際には従来の国造がそのまま居すわって、郡司になったようなケースがすくなくない。つまり極端にいうと、律令制への変革は一種の「法律革命」であり、法制が上から急激に変えられたわりには、社会的な体制はそんなに変わっていない。むろん相対的に断絶とか連続とかいっているのですが、相対的に連続性が強い。しかもその後の歴史的発展過程はどうなったかを見ると、この律令体制をヴェーバーにしたがって家産官僚制と申していいかどうかは別としまして、その官僚制の胎内から、程なく例えば荘園的土地所有というものが発達してくる。これは律令的な公地公民制度と明らかに矛盾するものです。そういう矛盾した社会制度が早くから出て来る。そのかぎりで律令体制が早い段階で内部から空虚化し変質してくるわけです。これは、土地所有関係だけではありません。官制の上でもそうです。律令制は先に言いましたように、マイナーな役所の組織まで唐制をモデルにしたにもかかわらず、その官制がやはり早期に変質を受けてくる。たとえば官制でいうと、令外官《りょうげのかん》というものがあります。これは名まえからしてわかるように、正式の令の以外にある官職ですが、これがますます重要な役割を占めてくる。たとえば皆さんがご承知の名まえで言うと、内大臣・中納言・参議・蔵人所・検非違使とかはみな令外官なのです。例外的存在であるべき令外官が非常に大きな意味を占めてくるわけです。摂関制の登場はこの現象の集中的表現です。摂政も関白も起源はやはり中国です。けれども中国ではそれはあくまで臨時的な官職とされた。たとえば天子が幼少のときとか、病弱で政務を執れないときとか、そういう例外的事態において摂政が置かれる。関白は漢の宣帝のとき、摂政の霍光が天子長じてのちも、万機を奏上するという意味で関白といわれたので、なおさら例外的性格が強い。ところが、日本の場合には、ご承知のように平安時代になって藤原氏が摂関を独占するようになり、摂政・関白自身が一つの常置的な政治機関になってしまった。そうして他方、荘園の荘官とか、律令制にしたがって地方に派遣された「受領《ずりょう》」といった下級役人がそのまま土着して武装集団を形成し、これが武士団という東アジアにはほかで見られない独自の政治・軍事集団として成長してゆく。この場合も単に社会体制が変わるというのでなしに、古い体制とオーヴァーラップして出て来るのです。そこでヨーロッパ史的な範疇を用いて、たとえば封建的な土地所有がいつ出て来るかを問題にすると、実にさまざまに議論がわかれる。荘園的な本所・領家の土地領有、あるいは荘園のなかの荘官(のちに名主《みょうしゅ》)の諸権利(いわゆる職《しき》)をめぐる生産関係は、古代的＝奴隷制的なのか、封建的＝農奴的なのか、ということについて今日でも日本史の専門家の間に非常に大きく見解が分かれています。こういう規定の困難な荘園制が戦国時代まで続きます。みなさんは「知行」という言葉をきくと、大名の知行を連想するでしょうけれど、これも名主《みょうしゅ》の土地についての占有・用益から出て来た言葉です。むしろ公法的というより私法的な言葉です。ですから、時代区分の問題が非常に厄介で、一六世紀末の太閤検地がはじめて封建的土地所有関係を確立したという学説もありますから、封建制の開始期が、平安末期から戦国時代まで何百年にわたってひろがって論争の対象になって来ました。そのこと自体が、果して西欧の歴史をモデルにした時代区分が日本にどこまで当てはまるのかという疑問を提出させます。

もちろん西欧の場合も、たとえばトクヴィルのように、フランス革命のあとと、ルイ王朝の絶対主義時代との間とに意外な連続性がある、ということを指摘する見解も昔からあります。けれども、フランス革命がおどろくべき断絶であり、世界史的に「近代」の開始を画したことは誰も否定しません。文字通り「意外に」その前後に連続性があるというだけのことです。ところが日本の場合はどうか。大化改新とならぶ大変革である明治維新を例にとって見ます。維新の生産関係の変革を集中的に表現しているのは、ご承知のように明治五、六年の地租改正です。これによって、地主に対して完全な土地所有権を与えたから、これはあきらかに農地改革です。ところが当時の地主というのは直接耕作者かというと必ずしもそうではない。江戸幕藩体制の内部においてすでに地主と小作との階級分化が進行し、かなりの程度、不在地主も生じていた。たとえばフランス革命ですと、直接耕作者(日本でいえば小作人)に土地の所有権を与え、貴族の土地は無償没収です。これが「古典的」なブルジョワ革命になるわけです。ところが日本の場合、小作人の小作料は江戸時代の五公五民に近い高額が保証され、フランス革命にあたるような、原則として直接耕作者にのみ農地所有権を認めるようになったのは戦後の農地改革です。(この場合も山林地主は除外されました。) これが、明治維新というのが果して不完全であるにしてもブルジョワ革命といえるのか、それとも絶対主義の樹立なのかをめぐって、先ほど申しましたような、労農派と講座派の激しい論争が生じる一つの背景です。ということはやはり明治維新という非常にドラスティックに見える変革でも、意外にその前の体制との間に連続性があるということを意味しているわけです。これは明治維新以後についてもいえるのです。たとえば、「資本の本源的蓄積の段階」というものが本格的な資本制の再生産に先行して、まず行われるのですけれども、日本でこれに当るものをさがすと、明治一〇年代、とくに松方大蔵卿の「松方財政」といわれるデフレーション政策以後で、このあとの大規模なプロレタリアートの造出ののちに二〇年代から軽工業、とくに紡績業を中心とする資本主義的な拡大再生産が開始される。維新をブルジョワ革命とするといわばブルジョワ革命のあとに、本源的蓄積が来る、ということになる。これは経済的生産過程について申し上げたので、政治体制についても実質的には廃藩置県の前後で、どこまで変わったか、あるいは、明治憲法がどこまで立憲体制(コンスティテューショナリズム)といえるか、というような問題があります。ある著名な歴史学者が、日本の明治以後の体制は古代的・封建的・資本主義的国家体制だといっていますが、これは半分冗談で半分真面目な議論であって、日本史における発展段階論の適用の困難さを示しております。

マルクス主義にいう古典的奴隷制のモデルになっているのは、やはりギリシア・ローマの奴隷制であります。大規模な奴隷制というものは、もちろんあった文化《カルチュア》もありますけれども、ない文化もあったと思います。中国にはおそらく大昔にはあったかもしれません。私は大規模な奴隷制はおそらく異民族による征服の産物と思います。日本にもご承知のように騎馬民族説というのがありますけれども、これはまだ「記紀」が書かれる以前のことですから、仮にあれが正当だとしても、記紀が書かれた、七、八世紀ころにはすでにその記憶というのは薄れていた。そうでなければどこかにそういう大事件を暗示する記述があるはずです。つまり書かれた歴史以後の時代に関する限り、日本は異民族による大規模の征服を経験していないということになるわけです。これはむろん日本列島の地理的条件と関係しておりますが、そういうことが日本の歴史における持続性というか、連続性を説明する一つの歴史的背景になると思います。そうでなくても思想の歴史というものは社会・経済・政治の事件史の場合よりも、本来連続性が強いのです。ですからそういうことを考えただけでも、先ほど言いましたように、「縦の」歴史的な発展段階ということだけでは日本の思想史ということは説明できない。つまり外来の――異質的な文化との「横の」接触というものと、それから日本史における段階区分の不明確さという問題、この二つの問題について思想史的にその意味を考えるということが、戦争の経験を経て、私にとって一層切実な課題になって来たわけであります。

3

そこで、右の二つの問題が具体的にどういう形であらわれるかと申しますと、どうしてもこれは先ほどちょっと言及した日本の地理的な位置と、それに関連した日本の「風土」と申しますか、そういう要素を考慮せざるをえなくなる。政治学の領域でそういう要素を重くみたのは、ハウスホーファーという学者などが主張したゲオポリティーク(地政治学)ですが、ゲオポリティークはナチに利用されたため、その後ほとんど学界から消えてしまった。戦後では、カール・シュミット――かれも「戦犯」の一人ですが――がそういう見地を理論にとり入れて孤軍奮闘している。むろん、ゲオポリティークやシュミットの『大地のノモス』のような立場をまるごと容認するつもりは毛頭ありません。けれども簡単な例をあげれば、現在、中国がソ連を「大国主義」などといって非難していますね。ところが、大国主義などという用語は目を皿のように捜してもマルクス主義の文献には出てこない。大国ということから生まれる思想や行動様式のある指向、傾向をそう呼んでいるのです。孟子のなかに、「王(王道の意味)は大(大国であること)を待たず」といって、「力を以て仁を仮る(名をかりる)」覇道と対比しています。覇権主義という現代中国の言葉もそこから出て来るわけです。それはともかく、大国には大国の世界像に結びついた一種の思考傾向があるということは、今日でもソ連だけでなく、アメリカ合衆国、それに大国主義を批判する本家本元の中国についても、私達は本能的に感じます。その「大国」の意味は、日本が経済大国であるという意味の大国とちがって、領土がべらぼうに広く、それ自身が一つの「天下」をなしている、ということなのです。

どうもそれからそれへと話がひろがってしまいましたが、ちょうど「開国」という論文を書きました昭和三三年(一九五八年)度の講義のプリントによると、はじめの方で「日本思想史の非常に難しい問題というのは、文化的には有史以来『開かれた社会』であるのに、社会関係においては、近代に至るまで『閉ざされた社会』である。このパラドックスをどう解くのかということにある」と言っております。つまり、「閉じた社会」「開かれた社会」という、ベルクソンやポッパーの、いわば超歴史的なタイプをつかっても、日本にはどうもそういうパラドックスがあるというわけです。つまり、一方では、周知のように集約的労働を必要とする水田稲作を中心に生まれた社会関係ならびに宗教的な儀礼とが、書かれた歴史（いわゆる記紀神話もふくめて！）以来今日まで維持されている。ところが他方では、アジア大陸から非常に複雑な文化の刺激を受けており、その「伝統」が明治以後は西欧からの刺激としてつづいている。ここに「開かれた文化」と「閉じた社会」とのパラドックス的な結合を解く鍵もひそんでいるようです。これは、幕末明治以来外国人によって書かれた日本観を見ると一番よくわかるのですけれども、日本ぐらいいつも最新流行の文化を追い求めて変化を好む国はないという見方と、日本ほど頑強に自分の生活様式や宗教意識（あるいは非宗教意識）を変えない国民はないという全く正反対の見方とがある。これは両方正しいわけです。絶えず新しいメッセージを求めるということと、新しい刺激を求めながら、あるいはその故にか根本的にはおどろくほど変わらないということ――この両面がやはり思想史的な問題としても重要なものになってくるのではないか。たとえば、このことをキリシタンの渡来とその「絶滅」の運命について早くからジョージ・サンソムという有名なイギリスの日本史家が指摘しています。「いかなる国民も新しい教えをこれほど喜んで受容する用意のある国民はなかった」。新しい教えというのは一五世紀に来たキリシタンのことです。「けれども他方、またこれほど伝統を頑強に固持した国民はなかった」(参照 G. Sansom, *The Western World and Japan*, 1950)。キリシタンが渡来して伝播する速度を朝鮮および中国と比較しますと、おどろくべく日本は速いのです。統計がありませんから、正確な数はわかりませんが、すくなくも半世紀たらずの間に、日本でキリシタンは四、五十万人以上の信者を獲得した。ところが、禁教以後はキリシタンの痕跡がこれほど見事に絶滅された国は東アジアにはありません。もちろん「隠れキリシタン」のことがこの頃さかんに言われていますが、まさにそれが言われること自身が、発掘しないとわからないほど表面から姿を消したことを意味します。江戸の思想史を見ると、キリシタンの思想史的影響というのはほとんどないといってよい。中国の場合にも朝鮮の場合にも、キリスト教の渡来にたいする抵抗は日本よりはるかに強いが、一旦浸潤しますと何べんも弾圧されているにもかかわらず、連綿と近代までその跡をたどることができます。朝鮮の日本に対する独立運動の中核になったのは、共産主義者よりもむしろクリスチャンであった。今日、韓国の反体制運動がクリスチャンに支えられているのはそういう長い伝統があるのです。日本の場合にはおどろくべく速く浸潤するけれども、絶滅するときには、またきれいに、というと言いすぎですけれども、おどろくべく早く姿を消す。これを私は集団転向現象というのです。集団転向してキリシタンになるけれども、また集団転向して棄教する。ついでですが、転向の「転」というのは、転びキリシタンから来た言葉です。これが先ほど申しました、開かれた文化と閉ざされた社会の逆説的な結合にどうも関係があるのではないかという問題を、私は一九五〇年はじめごろから考え出したわけです。

文化接触というのは、日本の場合は比較的一方通行的ですけれど、一般に言うと相互作用をおこします。その意味ではヨーロッパぐらい昔から多様な文化接触を経験した地域はすくないといってよい。マックス・ヴェーバーが、ヨーロッパといっても、単一のヨーロッパがあるのではないということを繰り返し言っているのは、これを指していると思います。たとえば、北にはゲルマン的な要素がある。それは神話としても、北欧神話を背負っています。スラヴ文化もあります。東からはビザンチン的な要素と、同時にヘブライ的な要素があり、地中海文化の伝統もあります。「オリエント」の影響といってもインド的、ペルシア的、回教的な要素があって、けっしてよく言われるように、ユダヤ＝キリスト教とヘレニズムだけがヨーロッパの文化的起源ではありません。むしろ異質的な文化のごった返しの中に、今日のヨーロッパの伝統というのは徐々に形成されたわけです。そうして、その昔からの多様な文化接触の経験がむしろヨーロッパの強みになっているのだと思います。キリスト教の歴史だけをとっても、たとえばテルトリアヌスの有名な言葉に、「不合理なるが故に我信ず」(credo quia absurdum)というのがありますね。正確に言うと、これはコリント書にあるパウロの言葉に由来していて、表現はすこしちがうのですけれども、それは別として、あの言葉は、悪く言うと一種の居直りなのです。つまり、ギリシア・ローマの古典文化はロゴスの支配であり、非常に高度な哲学に武装された合理主義です。それにたいしてキリストの福音の教えは、たいへん素朴なだけでなく、十字架による罪の贖いなどということは、古典的な「知性」からは理解できない。そこでキリスト教がだんだん発達して初期神学が形成されると、どうしても、ヘレニズムの哲学と対決せざるをえない。この対決はヨーロッパの精神史の中で最もおもしろい問題のひとつです。テルトリアヌスの言葉はまさにそのなかから生まれた逆説的言辞――信仰と理性との関係についての逆説的言辞です。どうせ俺の信仰は、異教的合理主義から見ればバカげたものなんだ、という居直りなのです。何世紀もかかって、聖トマスの段階になってはじめて壮大なアリストテレスの哲学を組み入れた中世神学の体系ができあがったわけです。

さてそれでは文化接触という視点をとり入れて見ると、日本の思想史的位置はどうなるかということですが、その問題に入るまえに方法論の問題として私が申し上げたいのは、日本文化なら日本文化、中国文化なら中国文化の「個体性」という問題であります。つまり日本文化の個体性、あるいは個性というものをつかまえるということであります。なぜ個体性あるいは個性という言葉を用いるかというと、よくいわれる「特殊性」ということと区別するためです。私自身もかつては特殊性という言葉を用いたこともあるのでその点責任を負わねばならないのですが、アメリカの学者などが、どうも日本の学者は日本の特殊性ばかり強調する傾向がある、たとえば日本の思想についても、特殊性といわれるものはよく見れば他にもある、という批判を加えます。その点を日本の記紀神話を例にとって考えてみましょう。

4

あとでもまた触れますが、私のいう日本思想史の「古層」をとり出す場合に、非常に大事な素材になるのは、いわゆる記紀神話です。（日本神話イコール古層とみるのではありません。また日本の神話をどこまで神話学上の「神話《ミス》」といえるか、というとこれまた大問題になるのでここには触れません。日本の古代の神々についての説話や伝承というようにさし当り理解して下さい。）この場合、日本神話の個々の説話をとりますと、そのなかに日本に特有で、ほかにないというようなものはほとんどありません。その意味で「特殊性」ということは軽々にいえません。たとえば説話のなかには、中国の道教から影響を受けた、と思われる神仙思想があります。仙人が住んでいたといわれる「蓬萊の国」がその一例です。この蓬萊国は日本におけるユートピア思想の一つの源泉としても興味深いのですが、それを別にしても、非常に面白いのはこの西方に想定された蓬萊の国と、スサノオが赴く領域として、イサナキ・イサナミ二神によって指定された「根の国」(書紀本文)との関係です。この根の国は他方においては、死者の国として黄泉国（夜見国）とも関連します。詳しい話は今日は申しませんが、問題なのは、一方において高天原（天上）——葦原中国（地上＝日本国）——根国（地下）という宇宙《コスモス》の垂直的構造と、他方においては仏教の西方浄土の観念とも結びつく蓬萊国、または出雲に想定されている黄泉国と葦原中国との関係のような世界の水平的な構造とが、日本神話のなかで競合している、ということです。

大ざっぱにいって垂直的な要素は北方のアルタイ系の神話と共通しています。天孫降臨神話がその例です。聖なるものが天上から降りて来る、という話です。天孫降臨で重大な役割を演ずるタカミムスヒは、別名を高木神といいますが、この名が、聖なるものが木を伝わって降りて来ることを象徴的に示しています。ところが他方では、柳田国男さんのいう「海上の神」のように、聖なるものが、はるか遠方の海上から来るという説話もあり、根の国も海上の彼方にあると読める個所もあります。こういう水平型の説話は大体、東南アジアとか南太平洋諸島にあるものと共通しています。要するに日本神話を個々の要素に分解すると、世界中どこかにある説話と共通し、日本に特有なものは何もない、といっていい。その意味で日本神話の「特殊性」などというものはない、といえます。けれどもその個々の要素がある仕方で相互に結びあわされて一つの「ゲシュタルト」――全体としての日本神話の構造をなしている点に着目すると、それはきわめて個性的なものです。天地創造と一定の領域をもった国土の生産と、現在の最高統治者の先祖の生産と、この三者が一つづきになっていて、しかもその三者が時間的＝歴史的系列のなかで展開して行くという構造は、世界の数ある「神話」のなかでもきわめてユニークなものです。天上の神々の話と地上の人間の話とが併行的に展開されるのは、ギリシア神話や北欧神話に見られますが、神代史から人代史へという「歴史的」構成――しかも神代史に活躍する神々は神武天皇以後の歴代天皇を中心とする時代になると、まったくとはいえませんがほとんど活動しなくなる、という点は、ゼウス(ジュピター)を中心とする神話とも、オーディンを中心とする北欧神話とも、いわんやエホバの神の位置づけとも著しく異なります。ですから、神話だけにかぎらず、日本文化と日本思想史を「特殊性」ではなくて、「個体性」の相においてとらえたらどうでしょうか。ちょうど丸山真男という個体が世界に二人といないのと同じに、全体構造としてとらえた日本国のカルチュアというのは、世界に二つとありません。あまりたとえはよくないかもしれませんけれども、子供の積み木を連想していただければよいと思います。積み木というのは個々の要素に分析しますと、正方形の木、細長い木、三角形の木など、形はだいたい共通に決まっています。個々の要素は全部共通しているわけです。ところが、そこからいろいろな組み合せをして、いろいろな形の家とか細工を組み立てることができます。積み木は、もし材料が非常にたくさんあるとしたら、さまざまなヴァリエーションのものができます。ところがそれを個々の要素(材料)に分解したら、三角形の木とか平行四辺形の木とかみな同じもの——つまり普遍的なものからできていて、ある形をもった積み木細工の「個性」はなくなります。「個性」は全体構造としてのみ語りうるのです。これは認識論の問題になりますが、丸山という人間だって、私と同じような鼻を持った人間もいれば、同じ背丈の人間もいれば、また似た気質の人間もいるでしょう。けれども一個のトータルな人格としての丸山は二人とはいません。このように、日本の思想も「個性」として把握してみる必要があります。「特殊性」というと、個々の要素に着目して、世界中どこかにあるもののなかに解消されてしまうし、第一、特殊性という概念自体が「普遍性」の下位のカテゴリーです。私がいろいろ申し上げるのは、そういう「特殊性」ではなくて、全体構造としての日本精神史における「個体性」です。そういう観点から、さきほど指摘した矛盾した二つの要素の統一――つまり外来文化の圧倒的な影響と、もう一つはいわゆる「日本的なもの」の執拗な残存――この矛盾の統一として日本思想史をとらえたいと思うのです。

おそらくこれは前にＩＣＵでの講義でも述べたと思うので、それを聴かれた方がおられたら話がダブると思います。が、かりに東アジアの略図を書いてみます。

ここに中国大陸があり、ここに日本列島があります。この中国大陸の文化というものは、このごろだんだん発掘が進んでますます明らかになったのですけれども、ほとんど有史以来世界で一番に高い文化圏、すくなくもその一つです。日本はその一番高い文化をすぐ隣りに持っていて、不断にその刺激を受けていたわけです。ところが、これが仮に朝鮮のように大陸と地続きだとします。すると、これはあらゆる文化接触の場合にそうなのですけれども、土俗的な文化がそれより高度に発達した文化の侵入に直面すると、ほとんど併呑されてしまって、同じ文化圏になってしまう。ヨーロッパの場合でもそうです。「ノルマ」というベルリーニのオペラにドゥルイド教徒が登場しますけれど、ああいう土俗的な宗教は、世界宗教としてのキリスト教の浸潤を受けて絶滅してしまうのです。よくイギリスと日本とを島国として同じように位置づけますけれども、歴史的にみて非常に違うのは、乱暴にいえばドーヴァー海峡と、対馬海峡との違いから来るといっていい。

この両者の距離の差が歴史的にほとんど無意味になるのは、つい最近——ジェット機時代に入ってからのことです。ドーヴァー海峡は紀元前にすでにシーザーがわたっているわけです。「シーザーの橋」とか、ローマの城壁というものがイギリスに残っていますけれど、つまり紀元前にすでにヨーロッパ大陸と一体化している。ローマによって征服される前にあった文化は遺跡としては残っていますけれども、誰もそれをイギリスの「伝統的なもの」とは思わない。古典というのは全くヨーロッパ大陸諸国と共通して、ギリシア・ローマの古典であり、宗教というのはキリスト教です。その前にあった土俗的なものは、たとえ博物館に保存されていても、伝統としてはいわば絶滅してしまうわけです。一方、東アジアに目を転じて、朝鮮を見ますと、これは明らかに儒教文化圏といっていい。あるいは民衆レヴェルでは道教的なものです。いずれにしても中国大陸と基本的に共通している。ところが、日本を儒教文化圏といえるかというと、どうしてもそうは言えない。儒教が最もさかんであった江戸時代においても、儒教に対する正面からの強力な反撃が中期以後出ております。江戸儒学は最初から「修正主義的」なのですが、それを別にしても荷田春満・賀茂真淵以下の国学の「からごころ」排撃が打ち出されます。「国学」という言葉は李氏朝鮮にもありますけれども、全然意味が違うのです。本家本元の中国では、満洲族の北清によって明が亡ぼされますね。中華思想から見ますと、清は夷狄、つまり東夷西戎南蛮北狄の北狄にあたるわけです。蛮族によって中国を統一する清王朝が樹立されました。清は漢文化にコンプレックスがありますから、ある意味では前王朝以上に、中国の文化的伝統の学習に熱心で儒教を振興し、科挙制度なども整備するのです。ところが李氏朝鮮にいわせると、中華の伝統――つまり唐虞三代の道統は清以後は明らかに自分の方に移ったということになるのです。尭舜の道の光輝ある伝統は、本家本元が夷狄に侵されたことによって、今や自分のところに移ったというわけです。李氏朝鮮で「国学」と称する学派はそれを強烈に主張するのであって、日本の国学とは全然意味が違います。日本の場合は、儒教とか仏教とかいうのは漢心あるいは仏心という「外来」の思考様式に基づく教えであって日本古来の考え方ではない、というのが国学の主張です。そういう主張をいいとか悪いとかここで私が言っているのではないのです。「外来」対「内発」という考え方が起こってくること自体が大事な点です。これは明治以後には、ヨーロッパ文化対東洋文化という形で出て来る。東洋精神とか、日本精神とかいう主張が近代日本でくりかえし出て来るのですが、李氏朝鮮から見ますと、維新以後の日本は西洋化してしまって堕落した、ということになります。「衛正斥邪派」などのラジカルな「教条主義者」は「倭洋一体」ということさえ叫んだのです。日本は、もう西洋にいかれて一体になってしまったというのです。こういう日本と朝鮮のくいちがいには、むろんさまざまの歴史的要因がありますが、さきほど申した地政治学的要因がかなり大きい、と思います。ですから今度は朝鮮と反対のケースとして南西太平洋諸島をとって見ます。こういう島になると高度の大陸文化からあまりに離れているので、今日でも文化人類学の好個の対象となるぐらい、文明民族の間には見られない、あるいは見えにくい「野生の」文化が保存されている。（レヴィ＝ストロースの「野生の思考」はむろん「未開民族」観を脱しない従来の文化人類学の批判としての普遍理論の構築の試みです。けれどもそのために彼が「栽培された文化」によって汚染されない地域の調査をしなければならなかったことが象徴的なのです。）ですから、ここまで高度に発達した文明から地理的に隔離されますと、一種の土俗文化的等質性は保存されますけれども、異質の文化の圧倒的な刺激にさらされないから、文化的変容がすくなく、悪い意味でいえば「停滞性」が支配するということになる。

そうすると、日本はかつてのミクロネシア群島、メラネシア諸島たるべくあまりに中国大陸に近く、朝鮮の運命を辿るべくあまりに中国から遠いという位置にある、ということになります。そびえ立つ「世界文化」から不断に刺激を受けながら、それに併呑されない、そういう地理的位置にあります。私は朝鮮型を洪水型といい、日本を雨漏り型というのです。洪水型は、高度な文明の圧力に壁を流されて同じ文化圏に入ってしまう。ところが、逆にミクロネシア群島になると、文化の中心部から「無縁」もしくはそれに近くなる。日本はポツポツ天井から雨漏りがして来るので、併呑もされず、無縁にもならないで、これに「自主的」に対応し、改造措置を講じる余裕をもつことになる。これがまさに「よそ」から入って来る文化に対して非常に敏感で好奇心が強いという側面と、それから逆に「うち」の自己同一性というものを頑強に維持するという、日本文化の二重の側面の「原因」ではないにしても、すくなくもそれと非常に関係のある地政学的要因なのです。（むろんこういう「型」は大体の傾向に着目して区別するので、歴史的現実をくまなく説明するものではありません。念のため申し上げておきます。）

すくなくも高度工業国家で日本ほど民族的な等質性を保持している国はありません。よく、民族的な等質性などというのはフィクションあるいはイデオロギーだという学者が近頃はいます。記紀に出て来る熊襲とか隼人とか、またアイヌとか、被差別部落の由来とかいろいろな例を出してきます。私が言っているのはそういう難しい議論ではないのです。要するに、他の高度資本主義国と相対的に比較してごらんなさいという簡単な問題なのです。なまじ「学者」という人種はこういう単純な観察ができない。外国から日本へ帰ってきてまず感じることは、国電に乗っても、「ああ乗客はほとんどみんな日本人だなあ」ということです。ニューヨークはもちろんイギリスのロンドンで地下鉄に乗ってごらんなさい。その中に先祖代々のアングロ・サクソン人は何人いますか。いわんや狭い意味でイギリス人だけをとっても、友人にきくと、だいたいおじいさんの代までたどれば父方か母方かは大陸から来ていますね。日本はどうでしょう。われわれは、まず九〇パーセント以上はすくなくもおじいさんどころか、もっと前までたどっても日本に生まれ育っているのではないですか。被差別部落があっても、誰もそれを「少数民族」あるいは「人種」問題とはいいません。むしろ、だからこそ部落問題は厄介なのです。等質性というのはそういうことです。言語をとっても同じことがいえます。日本語の起源・系統は今日でも学説区々で確定できないほど由来が古く、しかも日本国の領域内は基本的に同一言語です。イギリスが島国といわれますが、ウェールズでは、正午のニュースはウェルシュ語でも放送されています。ベルギーみたいな小さな国でもご承知のように首都のブラッセルのなかでフラマン語とフランス語とが公用語として通用しており、しかもフラマン語自身がオランダ系とラテン系に分裂し、衝突を惹起しています。フィリッピンや東南アジアの諸国はみなそういう言語問題と人種問題で苦しんでいます。そういうところから来た学者がほとんど異口同音に日本という国の「等質性」を羨ましがるのです。羨ましいことかどうかは別として、日本が一面では高度工業国家でありながら、他面においては、それこそ以前なら「未開民族」の特徴といわれた驚くべき民族等質性を保持しているのは否定できません。観察としてはそんなむつかしい事柄ではないのです。ただこの両面性が、思想的にどう現われるのかというのは、日本思想史を解明するうえに看過できない重大な問題だ、と思うのです。

5

もう時間がありませんから、いい加減でこういうお喋りはやめにして、この辺でそろそろ古層の問題に入ります(笑)。要するに私は右のような方法論的な遍歴を経て、古来日本が外来の普遍主義的世界観をつぎつぎと受容しながらこれをモディファイする契機は何かという問題を考えるようになったわけです。この点から見ますと、日本の思想を理解する上において、私たちは二つの誤りを冒しやすい。一つの誤りは極端に言えば、日本思想史を外来思想の歪曲の歴史とすることです。たとえば、儒教とか仏教とかが日本に入ってくると、こういうふうに曲げて解釈される。「本ものの」中国の儒学はこういうものではなかった。あるいは、明治の自由民権運動が一八世紀の思想家のルソーと、一九世紀中葉またはは後半のJ・S・ミルやスペンサーとを一緒くたに思想的源流に仰いだのはおかしい。このように見て行きますと、日本の思想史とは外来思想の歪曲の思想史——つまり本物から逸脱してゆく思想史ということになります。私は、これはあまり生産的なとらえ方とは思わないのです。ところが他方では、これと反対に「外来」思想というものから独立して

「内発」的な日本人の考え方を求めようという努力がある。これも国学から近代の日本主義、あるいは最近流行した「土着」思想の探求まで——いろいろなヴァリエーションで入れかわり立ちかわり現われますが、すくなくも日本思想史の方法としては失敗に運命づけられています。（もっとも前述のように、そういう外来対内発という考え方がくりかえし現われること自体は、非常に重要なことです。今日ヨーロッパ人は誰も、キリスト教をオリエントからの「外来」宗教という目では見ないでしょう。）

つまり日本は古代から圧倒的に大陸文化の影響にさらされてきたのです。それは記紀・万葉・風土記・古語拾遺など日本最古の文献を読んでみればすぐわかります。すでにそういうものは、儒教、仏教、その他の大陸渡来の諸観念に基本的に浸潤されております。したがって、外来文化の影響を排除して日本的なものを求めるのは、ラッキョウの皮を剝くのと同じ操作にならざるをえない。江戸中期からの国学運動の悲喜劇というのは、そういうラッキョウ皮むきの操作になるか、でなければ逆に日本的なもののなかに外来イデオロギーをつぎつぎと「習合」させ、たとえばキリスト教も日本の神道の派生物であるというように、一種の汎日本主義にふくらませてゆく。世界の文化はみな日本から出た、ということになる。戦争中に軍人の間に信奉者の多かった天津教——平田神道の一つの流れですが——によると、キリストも日本に生まれた、シャカも日本に生まれたということになっている。もちろん神代文字も——漢字と独立に——あった、という主張です。これほど極端でなくとも、そういうパン＝ジャパニズムは、一種の外来思想コンプレックスの裏返しなのですが、いろいろな形で歴史的に出現しました。それは日本思想のアイデンティティを求める絶望的な努力ともいえます。日本的な精神を、儒教とか仏教とかキリスト教とかマルクス主義とか、そういう普遍的世界観と並ぶ一つの世界観にしようとしたところに、平田篤胤派から戦争中の皇道主義者、日本主義者に至るまでの悲劇あるいは喜劇があったと思うのです。けれども、だからといって、日本思想史はたんに外来思想の輸入史なのか、「日本的なもの」は全くないのか、というとそうもいえない、と私は思うのです。問題の性質上、「思想」にかぎりますが、日本の多少とも体系的な思想や教義は内容的に言うと古来から外来思想である、けれども、それが日本に入って来ると一定の変容を受ける。それもかなり大幅な「修正」が行われる。さきほどの言葉をつかえば併呑型ではないわけです。そこで、完結的イデオロギーとして「日本的なもの」をとり出そうとすると必ず失敗するけれども、外来思想の「修正」のパターンを見たらどうか。そうすると、その変容のパターンにはおどろくほどある共通した特徴が見られる。そんなに「高級」な思想のレヴエルでなくて、一般的な精神態度としても、私達はたえず外を向いてきょろきょろして新しいものを外なる世界に求めながら、そういうきょろきょろしている自分自身は一向に変わらない。そういう「修正主義」がまさに一つのパターンとして執拗に繰り返されるということになるわけです。それを私が講義で明白に出したのは、昭和三八年(一九六三年)であります。

ここで私が使ったのは、「原型」という言葉であります。日本思想の「原型」ということを講義のはじめに論じました。外国語として念頭にあったのは、プロトタイプという言葉でした。そのころ私はもちろんユングはまったく読んでおりませんから、ユングのアーキタイプから暗示を受けたのではありません。ただ、さっきのような、私の体内に発酵してきた「開国」とか文化接触の在り方とか、日本文化と日本社会の変容性と持続性との逆説的な結合といったことからだんだん問題を煮詰めてきて、どうしても日本政治思想史の冒頭に「原型」ということを論ずる次第になったわけです。そこで、江戸時代から始めていた講義を古代までさかのぼらせて、どうせ一学年ではやれないものですから毎年時代を変えました。たとえば、古代から始めるとだいたい鎌倉仏教ぐらいで一学年が終わってしまうのです。そこで、その次の学年は、中世の末期ぐらいから始めてキリシタンの渡来までです。それから、また次の学年は、幕藩体制のはじめから明治維新までくる。しかし、毎学年、一番初めに必ず「日本思想の原型」という章を置いて、仏教という世界宗教が入ってきたときに「原型」によっていかにモディファイされるか、儒教が入ってきたときに、それが中国儒教をどういうふうに変容するのか、そういう観点から述べてきたわけです。したがって非常に不親切な講義で、三年ぐらい連続出席しないと、古代から明治維新までの日本政治思想史は聴けない。その点、日本の大学はレール・フライハイト——教授の自由というのが伝統的にあって、どういう内容の講義をするかは、講座担当者に委ねられ、あまりカリキュラムの拘束がないのです。ですから私はそのおかげをたいへんに被って感謝しているのですが、教科書的概論に慣れた学生には不親切な話です。

「プロトタイプ」という言葉を私は使ったのですが、外来思想が内容的に「原型」によってどう修正されたかということは今日は時間がないからやめて、方法論の問題に限ります。たとえば、三角形を書くと、一番底辺のところに原型が来ます。そのうえに儒教とか仏教とかマルクス主義に至るまでの「外来」の教義や「体系」が積み重なってくるわけです。そこで歴史的発展が同時に層を成してくる。そうして底辺の「原型」とそのうえに重なった外来思想との間に相互交渉がおこる。だからただ空間的に上に積み重なってくるだけではないのです。「原型」というものは一つのドクトリンとしてあるわけではないから、具体的に原型をとり出して来る方法としては消去法しかない。儒教とか仏教とか、民主主義とかキリスト教とか、そういう外来の教義や世界観を明らかに表現しているカテゴリーを消去していくのです。それ以外には「原型」にアプローチするしかたはない。これは、「神道」の歴史を見るとよく分ります。神道というのは、はじめは仏教と習合して両部神道のような教義が生まれ、後には儒教と習合して、吉田神道とか吉川神道とかが出て来る。神道は、そういう他の世界観の助けを借りないと「教義」としての体系を持てないのです。それが神道の思想史的な宿命なのですが、しかし「原型」をとり出すという意味では、神道史は大変役に立ちます。とくにその直接の素材になっているのは日本神話です。

記紀神話は支配階級のイデオロギーであって、必ずしも日本の民衆思想を表現していない、という考えが戦前からあります。ここにはもっともな理由もあるのですが、その問題に立ち入ると具体的な神話内容の分析に入って行かねばならないので、いまは差しひかえます。ただ、方法論の問題としては、日本にかぎらずどこの思想史を研究する場合でも、古代にさかのぼるほど「ある時代の支配的な思想とは当時の支配階級の思想だ」という有名なマルクスの言葉があてはまるのです。そういう統治者およびそれにひきいられた知識層によって書かれた文献以外には具体的な思想史料が得られないだけでなく、そもそも「支配階級」と意識的に対決した「民衆の思想」というタームで思想史を語ること自体が「近代」になってはじめて登場した立場であり、そういう立場からのイメージを昔に投影するのはかえって非歴史的ではないか、ということだけ申し上げておきます。日本神話のなかに記紀編者の政治的意図を読みとるのはさして困難な事柄ではありません。そうしたイデオロギー性をこえて、そこには日本思想史の「個体性」をさぐる貴重な素材がある、と思われるのです。

　前述のように、日本神話が形を整えた六、七世紀ごろには大陸のさまざまな文化の浸透を受けているわけですから、日本神話は原型そのものの表現ではありません。そこが大事な点です。消去法による以外にはない、といったのはそれです。日本神話のなかから明らかに中国的な観念——儒教だけではなくて道教とか諸子百家とかも入れてそういう古代中国の観念に基づく考え方やカテゴリーを消去していくわけです。そして今度は、世界宗教としての仏教——むろん中国経由の大乗仏教ですが、そこに由来する観念も消去していく。同じような操作を『万葉集』とか、『霊異記』とか、重要な思想文献に即してつぎつぎとおこなう。そうすると、何もなくなるかというとなくならない。サムシングが残るのです。

そのサムシングというものがつまり、原型――その断片をあらわしております。原型はそれ自身としては決して教義《ドクトリン》にはなりません。教義として体系化しようとすると外来世界観の助けをかりねばならない。しかしその断片的な発想はおどろくべく執拗な持続力を持っていて、外から入って来る体系的な外来思想を変容させ、いわゆる「日本化」させる契機になる。この消去操作は一種の循環論法になるのですが、それは仕方がないことなのです。

講義の順序としては、純粋な「原型」の時代というのは実際にはないのですけれど、はじめに仮説として原型の問題を述べ、それから「普遍者の自覚」という章のもとに、日本が初めて普遍者を自覚した思想史的大事件として仏教を扱い、世界宗教としての仏教が日本へ入ってきて平安・鎌倉時代にどういうふうに変容されるかの足跡を追う。さらに、神道は本来教義ではないのですが、儒仏に対抗するために、神道思想としてイデオロギー化されてゆく。そこから中世以降の「神国」思想などが生まれて来る。つぎには江戸時代に儒教がどういうふうに「原型」とまざりあって変容していくかを考察する。まあ大ざっぱにいえばこういう順序になったわけです。

ではなぜ、「原型」という言葉をやめたか。一九七二年に「歴史意識の『古層』」という論文を発表したときに、はじめて「古層」という言葉を使い、講義でそれまで使っていた「原型」という表現を変えたのです。変えたのにはたいした理由はないのです。実質的に考えが変わったというのではありません。ではなぜ「古層」にしたのか。

「古層」というのはいうまでもなく地質学的な比喩です。「古層」の上に仏教とか儒教とかあるいはキリスト教とか、自由民主主義とかいろいろの外来思想が堆積してくるのですが、底辺には「古層」はずっと続いているわけです。つまり、「原型」というとマルクス主義のアジア的生産様式論の論争のように、一番「古い」段階のような感じを与え、やはり前に言った歴史的発展系列の中にくり入れられてしまう恐れがある。古層と言えば、時代を超えて働き続ける成層性がヨリ明らかになる。それがこの言葉を用いた第一の理由です。それと、第二の契機は、すくなくとも「原型」ほど宿命論的な感じを与えないということです。「原型」というと、古代に「原型」が宿命的に決定され、そのまま固定してしまうようにとられる。もし古層といえば、一番基底にあるから強靱なことは強靱ですけれども、かりに大地震でもあれば、古層がムクムクと隆起して地層の構造を変動させることがありえないわけではない。たとえば先ほど言った、儒学史における古学派とか国学運動の登場というものは、「鎖国」とかいろいろの条件の下で「古層」が隆起して起る一つの過程と私は見るわけです。ですからここには思想の「近代化」の過程との二重進行があることになる。なぜ儒学の古学派や国学に古層の隆起という側面を見るかという実質的内容のことはここでは述べません。ただ直訳的な外来イデオロギーに対抗する過程で、古層が隆起してくる。「対抗」を動機としているからそういう思想は「古層」そのものではないのです。国学などは自分では「古層」の思想的自覚を以て自ら任じていたけれど、実際はたとえば、宣長学が徂徠学の刺激なしには考えられないように、純粋の「古層」とはいえないのです。ただ国学は「古層」を考察する素材としてはきわめて貴重な貢献をしました。

　ところがこの古層という表現もやがてまた変えたのです。これも表現の問題ですからどうでもいいといえばいいのですけれども、やはりこういう用語はなるべく誤解がすくない方がいい。困惑した末に辿りついた言葉は、音楽用語です。これは一九七五年にアメリカのプリンストン高等研究所にいるときに立ち入った説明をしました。ただこの用語自体は、一九七二年の「歴史意識の『古層』」のなかですでに使っているのです。バッソ・オスティナート(basso ostinato)がそれです。こういう音楽用語を使うのは何かきざでいやなのですけれども、どうしても他に適当な言葉が思い当らないのです。バッソ・オスティナートは英語でいえばオブスティネート・バスで、執拗に繰り返される低音音型という意味です。では、なぜ「古層」をそれに変えたかといいますと、日本ではマルクス主義の影響が非常に強いでしょう。そこで、現実に私の「歴史意識の『古層』」を読んだ人の反響を聞いたかぎりでは「古層」をマルクス主義における「土台」のように見る人がすくなくなかった。ご承知のようにマルクス主義では「土台」に対してイデオロギーとしての「上層建築」(上部構造)があります。(ついでに申しますが「下部構造《ウンターバウ》」という言葉は、あとからできたもので、マルクス自身は「土台《バージス》」という言葉を使っています。)もちろん「上層建築」が「土台」に逆作用することは容認します。けれども、究極的には生産様式という「土台」によって国家をはじめとする法・政治制度、さらに諸観念形態が制約されるというのがマルクス主義の基本的な公式でしょう。するとちょうどシェーマが似ているために、「古層」というのが「土台」、つまり生産様式、広義には生産関係のウクラードに見えてくる。ところが、そういう意味は私の「古層」にはないわけです。先ほども言ったとおり、具体的には断片としてしかとり出せないし、歴史的には外来の体系化された世界像と結合して現出するものですから、「土台」とは非常に違います。ところが「土台」としての「古層」によって、もろもろのイデオロギーが、「基本的に」あるいは「究極的に」制約される――と私が考えているかのように「歴史意識の『古層』」はとられたわけです。これではまずいと思って、「執拗に繰り返される低音」に変えたのです。「執拗に繰り返される低音」という意味は、音楽をやっている方なら知っておられるようにバッソ・コンティヌオ(basso continuo)とは違います。バロック音楽などにあるバッソ・コンティヌオは、上声部の旋律に対して和声の進行をバスが受け持つ。譜を見ますと、よく数字が♯や♭記号とともに低音部に書いてあります。特別な音型をなしているわけではありません。これに対して、バッソ・オスティナート(basso ostinato)というのは、私も参考のために音楽辞典をひいてみたのですが、定訳がないようです。低音部に一定の旋律をもった楽句が執拗に登場して、上・中声部と一緒にひびくのです。一つの音型なのですけれども、必ずしも主旋律ではないのです。主旋律はヴァイオリンやフルートのような木管で上声部に奏せられても構わない。ただ、低音部にバッソ・オスティナートがあると、主旋律に和声がつくだけの場合とは、音楽全体の進行がちがって来る。かりにこの比喩をもちいて日本思想史を見ると、主旋律は圧倒的に大陸から来た、また明治以後はヨーロッパから来た外来思想です。けれどもそれがそのままひびかないで、低音部に執拗に繰り返される一定の音型によってモディファイされ、それとまざり合って響く。そしてその低音音型はオスティナートといわれるように執拗に繰り返し登場する。ゲネラル・バスのようにただ持続して低声部の和音をひいているのではない。ある場合には国学の場合のように表面に隆起してメロディとしてははっきりききとれ、ある場合には異質の主旋律に押されて輪廓が定かでないほど「底に」もぐってしまう。このように執拗に繰り返される一つのパターン、ものの考え方、感じ方のパターン——として「日本的なもの」をとらえるということにやっと落ちつきました。ただし、そういう特殊な音楽用語を用いなければいけないのは非常に遺憾ですから、もっといい言葉があれば教えて下さい。いずれにしても「古層」といい、バッソ・オスティナートといい、どちらも比喩です。比喩を用いるのはけしからんといわれると一言もないのですけれども、マルクスのような偉い思想家でも「土台」とか、上部構造とかいう、明らかに建築上の比喩を——それも非常に核心的な命題を述べるときに使ったわけですから、何とか勘弁していただきたいというほかないのです(笑)。

6

さきに「特殊性」の強調ということについての誤解——すくなくも私からみての誤解について述べ、日本文化の「個体性」・「個性」という言葉に代えたい理由を申し上げましたが、右にあげました「古層」にせよ、あるいは「バッソ・オスティナート」にせよ、私としてはもうひとつ弁明しておかねばならぬ方法論上の問題があります。それは連続性と非連続性、もしくは恒常性と変化性という問題です。これは以上の私の話を詳しく辿られればあらためて論ずる必要がないようにも思われますが、念のために申し上げますと、右のような考え方には、非連続にもかかわらず連続性がある――あるいは大いに変化するにもかかわらず、変化しないコンスタントな要素がある、というように両方の契機を対立ないし矛盾するものと前提して論じているのではない、ということです。むしろそういう「にもかかわらず」という形で、つまり恒常性と変化性とを二項対立としてとらえたのでは、「バッソ・オスティナート」などとわざわざ強調する意味がなくなってしまうのです。私が言いたいのは、変化する要素もあるが、他方恒常的要素もある、とか、断絶面もあるが、にもかかわらず連続面もある、というのではなく、まさに変化するその変化の仕方というか、変化のパターン自身に何度も繰り返される音型がある、と言いたいのです。つまり日本思想史はいろいろと変わるけれども、にもかかわらず一貫した云々――というのではなくて、逆にある種の思考・発想のパターンがあるゆえにめまぐるしく変わる、ということです。あるいは、正統的な思想の支配にもかかわらず異端が出てくるのではなく、思想が本格的な「正統」の条件を充たさないからこそ、「異端好み」の傾向が不断に再生産されるというふうにもいえるでしょう。前に出した例でいえばよその世界の変化に対応する変り身の早さ自体が「伝統」化しているのです。

「よそ」と「うち」ということは必ずしも外国と日本というレヴェルだけでなく、いろいろなレヴェル――たとえば企業集団とかむらとか、最後には個人レヴェルでひとと自分という意味でも適用されます。つまり一種の相似形的構造をなして幾重にも描かれることになります。ですから、変わらない、というけれど実はこんなに変わっているのだ、という見方は、実は戦争中にあった――あるいは遡れば明治の国民道徳論にあった――さまざまの歴史的変化にもかかわらず古来から一貫する「日本精神」があり、日本の歴史的発展はそういう「日本精神」という「本質」のさまざまの顕現形態なのだ、という見方をただ裏返したに過ぎないのではないでしょうか。私達は、不変化の要素にもかかわらず、ではなくて、一定の変わらない――といってもむろん天壌無窮という絶対的意味でなく、容易には変わらない――あるパターンのゆえに、こういう風に変化する、という見方で日本思想史を考察するよう努力すれば、日本思想史の「個性」をヨリよくとらえられるのではないか、と思うわけです。

こうして私は「バッソ・オスティナート」を

(イ)　歴史意識(あるいはコスモスの意識)
(ロ)　倫理意識
(ハ)　政治意識

という三つの領域に便宜上分けて考えました。「意識」としたのは、「思想」というと何か実体的な世界観への連想が強く、前に申し上げたバッソ・オスティナートの断片的性格が表現されないからです。右の三つのうち、(イ)の全部ではありませんが、ここにほぼ該当するのが「歴史意識の『古層』」という、先ほどの論文です。あれだけ先に日本で公刊されたために、あれが私の考える日本思想の古層論のすべてのような印象も与えましたが、実は一部にすぎません。(ロ)は英文原稿しかなく、(ハ)は一九七五年にオックスフォードでセミナーを行なったときに“The Structure of *Matsurigoto*”という題をつけ、その一部に手を加えたのが、冒頭に触れたＩＣＵのシンポジウムで発表したものです。本日はそういう内容の話よりは、日本思想史の方法論を中心と致しましたので、何かうなぎらしきものの匂いだけかがされたようにお思いになるかもしれませんが(笑)、すでに冗長にすぎる話になって時間も超過しております。これで打ち切らせていただきます。ご清聴を感謝致します。

Ⅳ

フロイト・ユング・思想史

——補論——

武田清子

ここに収録したものは、国際基督教大学アジア文化研究所の主催した「日本文化のかくれた形《かた》」(日本文化のアーキタイプスを考える)をテーマとしての研究会における講演である。しかし、「まえがき」でも述べたように、この講演は、加藤周一、木下順二、丸山真男の三氏が、それぞれの領域において、それぞれの問題意識や学問的、思想的歩みの途《みち》に沿いながら、「日本文化のかくれた形《かた》」について自由に語られたものである。ユングのアーキタイプスを前提として、それを日本文化に適用することを意図されたものではない。その点を、この「補論」において、もう一度、明確にしておきたい。

さて学生諸君や研究所の同僚とともに、この研究会を計画したものとして、「日本文化のかくれた形《かた》」(アーキタイプス)をめぐる問題意識、考察の一端を、補論として、ここに短く附記しておきたい。

日本思想史の研究において、私は、「日本文化のかくれた形《かた》」(アーキタイプス)、いいかえれば、社会・文化、国民思想の深層にひそむ「集団的無意識」の領域ともいえるものの本質の究明に関心をいだいてきた。もっとも、それは、必ずしも新しい問題ではない。日本人の発想様式、思考と行動の特質については、「まえがき」においてもふれたように、既に多くの試みがなされてきた。そして、そこには、一つの共通した仮説があるように思える。それは、上述したように、非合理的な、日本特有の特殊主義的、閉鎖的な性格をもつものと考えられる場合が多い。呪術的なるもの(シャーマニズム)が支配するムラ的、家族主義的、共同体的集団主義が、意識においても社会関係においても支配的な力をもってきたということが、しばしば指摘されてきた。

しかしながら、他方、これが日本人の精神的特質なのだから、合理主義とか、民主主義とかいった普遍的価値に重点をおく「西洋の思想」は、本当の意味では日本人に受け入れられるはずがない。「人間が神になり、神が人間になる」といった神観が支配的な精神的土壌にあって、超越者(神)を理解することは日本人にはできないのだから、外来宗教(思想)である〝キリスト教の土着化〟などということは、ありえないことだといった断定にぶつかる時、私は戸惑いを覚える。日本人の内発的思考様式、価値意識には、超越的なるもの、普遍的なるものを志向する要素が稀薄だということは首肯できることであろう。しかし、それが、全く内在していないと果して断定できるだろうか？

このようなことを考えながら、私はフロイトやユングの精神分析学が、歴史、思想史の読み直しに投げかけてくれる洞察に興味深い問題提起を見出す。ことに、国民思想といった集団の思想における無意識の領域の解明に示唆するところが大きいように思える。

まず、フロイトの歴史研究への示唆、ないし、貢献について考えてみよう。

1　フロイトの思想史への問題提起

フロイト(Sigmund Freud)の精神分析学が、人間の無意識の領域に光をあて、人間のかくれた動機を暴露し、また、再吟味することをうながす上に大きな貢献をしたことは、今更いうまでもない。フロイト以前には自覚されなかった人間精神のある局面(領域)を彼は明らかにしたのであり、それは、精神分析の領域のみならず、歴史(思想史)の解釈、理解に対しても、示唆するところ多く、その貢献は重要である。

このことは、E・H・カー(Edward H. Carr)も、その著書『歴史とは何か』(岩波新書、

What is History ? The George Macaulay Trevelyan Lectures delivered in the University of Cambridge, January–March 1961)の中でつとに指摘している。カーは、フロイトの歴史研究への貢献を、人間行動の無意識的な根源を暴露することによって、意識的、合理的探求に対する私たちの知識と理解の幅を広げてくれたことだといい、歴史研究者にとってフロイトは二つの意味で重要だという。第一に、人々が自分の行動の動機だと言ったり信じたりしているものによって実際に彼らの行為を充分に説明できるといった古い幻想にとどめを刺したことであり、第二に、歴史家が彼のテーマや時期や事実の選択、あるいは、その解釈を導いてきたところの、かくれた動機、いいかえれば、彼の視角を決定してきた国家的社会的背景を、よく再吟味することを勧めてきたことであり、歴史家(歴史研究者)が、自分を社会や歴史の外に超然と立つ個人だなどと考える口実を失わしめたことだと、カーはいっている(*What is History ?* pp. 133–134. 岩波新書、二〇七—二〇九頁)。このように、フロイトの歴史研究への貢献は、隠れた動機の再吟味をうながすことだといえると思う。

私は、常日頃、フロイトの「人間モーセ」について、いいかえれば、ユダヤ民族の文化・思想についての執拗な再吟味に興味をもたせられている。彼の最後の著書『人間モーセと一神教』(*Moses and Monotheism*, Alfred A. Knopf, Inc. and Random House, Inc., 1939)は、特定民族の文化史、思想史の内包する問題を解明する方法(アプローチ)を創造的に探求した貴重な仕事だと私は考えている。一九三八年三月、ドイツがオーストリアを併合し、いわゆるナチスのユダヤ人追放が行われたさい、八十歳をこえた老齢でロンドンに亡命することになったフロイトが携えて行った唯一つのものが、この『人間モーセと一神教』の原稿だったということである。

ユダヤ人であったフロイトは、ヨーロッパの反ユダヤ主義(アンティ・セミティズム)の社会的、政治的圧迫の中に身をさらしながら、ユダヤ人であることの意味を問いつめてゆくとき、モーセとは真実、何であったか? を問いつめる。一つの文化的民族としてのユダヤ民族と、民族の指導者モーセと、倫理的一神教とが、どのような関係にあったのかの分析に、彼は、異常な関心をもっていた。モーセはエジプト人だったのではないか? 一神教としてのモーセ教はその根源をユダヤではなく、エジプトに持つものではないか? 多神教的エジプトにもすでに倫理的、普遍的神の観念を強調する一神教が明らかに存在した。割礼もエジプトからユダヤにはいってきた風習だとフロイトはいう。そして、一つの大胆な仮説を立てる。「モーセはユダヤ人ではなくて、異教徒エジプト人だったのではないか? モーセは人々が彼をユダヤ人にする必要のあったエジプト人だったのではないか？」とフロイトは考えるのである。異教徒としてのモーセのイメージ、それは、フロイトにとってアンティ・セミティズム（反ユダヤ主義、ユダヤ人排斥）を防ぐ必死の、鋭い試みでもあった。

このような、かくされた動機、宗教的・思想的関心につき動かされてのことであるにせよ、世界に通念となっている考え方（たとえば、モーセはユダヤ人であり、一神教は多神教のエジプトにおいてではなく、ユダヤにおいてのみ生まれたのであり、モーセはユダヤ民族の父だという考え）をひっくりかえすような、まったく異なった仮説を立て、それをフロイトは執拗に論証しようとする。フロイトのこうした方法は、一つの民族の信仰、文化、思想の特質の読み直し、読み破りに非常に興味深いものを提示する。

フロイトが、『人間モーセと一神教』を書いたと思われる時から二十五年ほど前の、一九一四年に、彼が、匿名で『イマゴ』（*Imago*）誌に発表した「ミケランジェロとモーセ」の中に、既にこうした問いは内在している。一九一三年九月、ローマを訪ねたフロイトは、三週間のあいだ、毎日、ミケランジェロのモーセ像を訪ね、その前に立ち、凝視し、観察し、測定し、スケッチし、考えたと自ら書いている。「律法のくびき」をおしつける主人公であり、律法の創作者であり、ユダヤ教の正統性（orthodoxy）の象徴としてのモーセとにらみあいをつづける。そして、フロイトは、モーセにそむく民衆(それは、フロイト自らでもある)への怒りを、行動にうつすことをせず、怒りをおさえ、大理石像の中に怒りを凍らせたモーセをそこに見出す。それは、伝統的モーセとは別の、人間的なもの以上の何ものかが新たに加わったモーセの発見であった。そして、フロイトは、現代ヨーロッパ諸国のユダヤ人たちを内的にきびしく縛る宗教的、思想的拘束(モーセの律法)から解放される道を見出すのである。

これは、「ミケランジェロとモーセ」から「人間モーセと一神教」へとつらなる、二十五年余にわたるフロイトの執念ともいうべき執拗な追求のテーマだったのである。そして、それは、一民族の文化・思想の特質の読み直し、読み破りの方法の一例として非常に興味深い。

そして、フロイトのこうした伝統的文化の意味や歴史的定説を逆転させるような仮説の立て方、読み直しの試みは、日本文化の「かくれた形《かた》」を問い直そうとする私どもに、思想史の学び方、読み方に関して、新しい洞察と勇気を与えてくれるものである。

ここでくわしく取扱う余裕はないが、短くふれておきたいものに、フロイト派の精神分析学者エリク・エリクソン(Erik H. Erikson)の『青年ルター』(*Young Man Luther*——*A*

Study in Psychoanalysis and History, W. W. Norton & Company Inc., 1958) がある。これは、その副題が示すように、精神分析を〝歴史研究の一つの道具〟("a historical tool" 一六頁)として用いることによって、偉大な宗教改革者(ルター)の青年期を検討し直し、そのことによって宗教改革という精神的、社会的大変革の一つの要因をさぐろうとする試みであり、思想史研究の方法論的探求の興味深い一つの実験である。

ここでは炭鉱夫を父に持つドイツの家庭、そこで幼少年期、青年期をおくったルターの人間形成における体験が精神分析学的な眼をもってたどられている。子供をきびしくしつけることを親の責任と考えるという社会的通念があったにせよ、くるみを一個盗んだということで母に血が出るまで鞭うたれたことがあった。母はそうしなくてはならなかったのでそうしたのであるが、父は好んで残酷であったとルターは考えた。その父に、残酷なほどにぶたれ、服従を要求されたおそろしい権威としての父への憎悪と反抗心が、彼に、青年期のアイデンティティ・クライシスを深く体験させ、修道院へ導かれることになる。こうした父嫌い、父への反抗、それは、後に、「大きな父」としてのローマ法皇への抵抗となり、宗教改革という信仰的、文化的、社会的改革運動のかくれた推進力となってゆく。こうしたリフォメーションの社会的、文化的一大変革の内的要因を精神分析学の方法を援用しながら解明してゆこうとするエリクソンの『青年ルター』は、フロイディアンによる思想史研究の一つのアプローチを大胆に試みるものであるとして、出版当時、学界の注目をあびた。

ここで指摘しておきたいことは、エリクソンの『青年ルター』において試みられたような、ルターの幼少年期、青年期の人間形成の精神分析学的方法による分析によって、宗教改革という、信仰的、文化・社会的大変革運動の本質が明らかになったというわけではないということである。M・ルターやJ・カルヴァンを中心的指導者とする宗教改革については、既に厖大な研究がなされてきている。それは、神学(教会制度を含む)、哲学、社会諸科学等の諸分野にわたって、歴史的に研究が積み重ねられてきている。そうした研究成果を背景に、宗教改革のキイ・パーソンの一人であったルターという人物の青少年期の精神分析というような、今まであまり注目されなかったアプローチの研究がエリクソンによってなされたということで、それが、宗教改革の研究に対して、もう一つの側面から光をあてるものとして興味をもたれたのであった。また、既に人々の共有財産となっている宗教改革についての学際的(インター・ディシプリナリ)な研究成果の知識の故に、多くの読者は、豊富な料理の並ぶ食卓に、もう一つ、趣向の異なった珍味の料理、あるいは、異なった味が加わり、料理全体の味わいがより豊かになったと、エリクソンの分析を受けとめたともいえよう。エリクソンは、先にも触れたように、精神分析を歴史研究のための〝一つの道具〟(〝一つの手段〟a historical tool)として用いているのであって、彼の慎重な研究態度が、この労作を興味ぶかく、かつ意義ある問題提起たらしめていると思える。しかし、それでも、彼のこうした方法が、信仰、教会論、文化・社会の諸領域にわたる複雑な変革としての宗教改革の本質を明らかにする唯一の有効な方法というわけでは決してないことを明らかにしておかねばならないと思う。

更に、もう一つ附言しておきたいことは、エリクソン以来、特に、アメリカなどで流行している psychohistory(精神分析的歴史解釈)による「歴史の矮小化」に筆者は同調するものではないということである。*The History of Childhood Quarterly* と題する雑誌が、*The Journal of Psychohistory* と改称されていることに象徴されるような、精神分析の方法を安易に歴史に適用し、複雑な諸要因の交錯を通して、価値観、社会構造、政治・経済の諸制度をもまきこんで変化し、展開してゆく歴史のダイナミックスを、個人の精神分析のみで、即ち、人文学や社会諸科学不在で、簡単に解釈して、それで事足れりとする傾向は警戒を要すると思う。そういう意味で、たとえば、David E. Stannard: *Shrinking*

History——On Freud and the Failure of Psychohistory——(Oxford University Press, 1980)にみられるような"psychohistory"の流行に対する批判には、筆者も同感である。

私がここでフロイトやユングの歴史研究者への示唆を問題にする時、そうした"psychohistory"を志向しているのではないのであって、フロイトやユングの問題意識を、精神分析学の枠をこえて、思想史研究の洞察に受けとめえないかを問うているのだということを、断っておきたいと思う。

話をフロイトに戻そう。ユングも指摘するように、フロイトの「夢判断」は、無意識に至る扉を開いた最初の仕事として重要である。しかし、湯浅泰雄もその著書『ユングとキリスト教』(人文書院、一九七八年)で指摘するように、フロイトにとって無意識とは、抑圧された願望や欲求が蓄積された場所であり、そこに見出されるものは、社会的に承認され得ない恥しい欲求や暗い力である。フロイトにとって無意識とは、「わき立つ興奮にみちみちた大釜」であり、一つの悪にほかならない。合理的な知性に代表される意識の活動は正常であり、健康であるが、非合理的な無意識の活動は異常で病的だと考えられている。この故に、深層心理学は人間性の暗黒面をあばく学問だといった見方が出てくると湯浅泰雄は指摘している(『ユングとキリスト教』二六—二八頁)。けだし、こうした非合理的な、無意識の領域への扉を開き、その深みにかくされている動機や欲望や非合理的情念の傾向に光をあて、検討してみることは、特定民族の文化や思想史の研究にとって、非常に大切な示唆を与えるものであることはいうまでもない。

しかしながら、フロイトが思想史の研究に投げかける問題としては、彼の『ミケランジェロとモーセ』や『人間モーセと一神教』を貫いて示されるような、特定民族の文化・思想史についての伝統的な考え方を、大胆に打ち破り、豊かなイマジネーションをもって、それを自由に読み直そうとする姿勢である。また、それと共に、超越的な唯一絶対者である神との契約に立つユダヤ民族の一神教の信仰を、ユダヤ民族をこえた普遍的なるものへと展開してゆく道を模索する、彼自身の内におけるたたかいに、私は深い関心をいだかせられるのである。

2　ユングのアーキタイプス

フロイトの上記のような無意識のとらえ方と対照して、ユング(Carl G. Jung)の無意識の本質のとらえ方は、異なった特質をもつものであり、私はこれにも関心を持ってきた。

ことに、われわれが今テーマとする特定民族の文化・思想のふところ深くにかくれた「集団的無意識」の領域について考察しようとするとき、彼の方法概念にも、示唆に富むものが内包されているように考えられる。

第一に、ユングは無意識の本質を抑圧されたもの、または、本来、悪なるものとはみなさない。第二に、彼は、人間の心は、意識と無意識との両者が合して一つの全体を形成していると考えるのであり、無意識と意識とは対立するものではなく、むしろ、無意識は意識の作業にとって不可欠の協力者だと考えられる(湯浅『ユングとキリスト教』二七頁)。意識は無意識の活動を根底にもっており、無意識は意識の永遠の創造的な母ともいうべきものであり、無意識は時を問うことなく活動していて、未来の使命に奉仕する様々な材料を組み合せるとユングはいう(ユング『無意識の心理』高橋義孝訳、人文書院、一九七七年)。『無意識の心理』によると、更に、第三に、無意識における認識には二つの層があるというのであって、その一つは「個人的無意識」(personal unconscious)の層であり、もう一つは、非個人的、普遍的な「集合的無意識」(collective unconscious)の層である。個人的無意識は一度経験された後、失われた諸記憶であって、幼児期の記憶で終るとする。エリクソンの『青年ルター』では、こうした個人的無意識が問題にされているとみてよいであろう。

集合的、普遍的無意識の層は、前幼児期、即ち、先祖代々の生活の残滓を含んだものであり、個人的には体験されたことがなく、われわれがそれについては何事も知らなかった一個の精神的内面世界がぽっかりと口を開けている(『無意識の心理』一二七頁)。集合的無意識、あるいは、普遍的無意識は、人類発展の巨大な精神的遺産であって、文化の相違をこえて人類に共通なる実体、人類の長い歴史を通して全体的に獲得され、世代を通じて継承され、形成されてきた深層構造だともいうのである。先天的な魂の領域だともいっている。

A・ストーの『ユング』(Anthony Storr: *Jung.* 河合隼雄訳、岩波現代選書、一九七八年)も、それを、夢や幻像《ヴィジョン》や神話を生み出す、全人類に共通な心の深層としてとらえ、人間存在に意味を与え、未来にむけて創造的に自己を治癒してゆくような可能性をもつものとしている。河合隼雄氏の『無意識の構造』(中公新書、一九七七年)は、普遍的無意識の中に家族的無意識、および、ある文化圏に共通する文化的無意識をも含めて考えることができるとしている(三三頁)。

ここで、村上陽一郎氏の「心の世界の論理」(『近代科学と聖俗革命』新曜社、一九七六年)の描く円錐形によるユングの「集団的無意識」の描写(二五六頁)が明快にその構造を示すように私には思えるので、氏のご了解をえて、ここに引用したい。

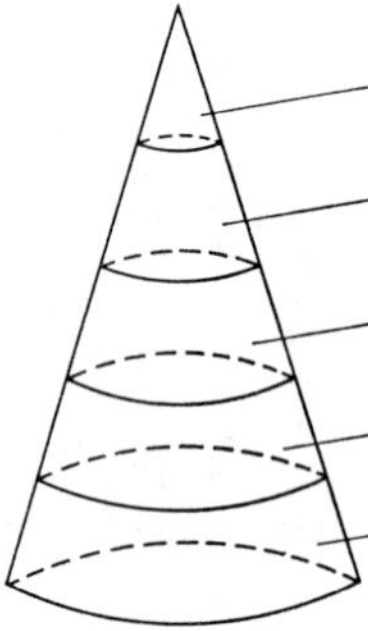

「自我」と「意識」は氷山のピークの頂上の僅かの部分であり、それが、近代西欧の基本的特徴であるところのデカルト的主観―客観の構造をもつ領域である。そして、個人的、および、集団的を含めて無意識の領域は広い裾野を形成する生命体一般の根底をなすものとするユングの考え方が明らかにみられるように思える。

第四に、ユングにおいて無意識は意識の永遠に創造的な母ともいうべきものである。ユングの『自我と無意識の関係』(人文書院)の訳者、野田倬氏も、その解説においてふれているように、トマス・マンが「人間の魂の深部は、同時に太古でもあり、神話の故郷であり、生の根源的規範と生の原形が基礎を置いているところの、あの泉の深部でもある」ということにつながっているともいえよう。

ユングにおいて夢は無意識が魂の内から意識に向って発するメッセージであり、指示、ないし、警告ともみられる。それは、文化人類学者レヴィ＝ストロース(Claude Lévi-Strauss)が、神話は「集団的夢」、即ち、「無意識の欲求」だというのに、ある意味でつながっているように思える。レヴィ＝ストロースは、神話は音楽と同様に、ある「メッセージ」を含んでおり、その送り手は誰かはわからないが、これを受け取った者は、そのかくれた意味を解釈することができなくてはならないという。ユングにおいても、〝無意識の欲求〟〝必要なること〟を解読せよとのよびかけを創造的に受けとめ、そこに含まれたメッセージを積極的に意識主体の生き方に投影するならば、それは重要な埋めあわせをすることとなり、意識の作業にとって不可欠の創造的な協力者となるというのである。

そこで、ユングは、集合的(集団的)無意識の内容を把握し、その経験を理解するための基本的カテゴリーとして、「アーキタイプス」(archetypes)という概念を設定する。さきにもふれたように、アーキタイプスは、心理学者たちによって、「元型」(柔軟な鋳型〔A・ストー『ユング』五六頁〕）「原型」「原像」等と訳されている。河合隼雄氏ほか訳の『ユング自伝』(2)の巻末の「語彙」においては、「元型はその内容に関して決定されるものではなく、……それ自身空で形態的であり、先在的可能性にすぎない。それは先験的に与えられている表象可能性なのである」（二六五頁）と規定されている。しかしながら、さきにもふれたように、複数形のない日本語において、「元型」という時、一つの固定した根源的な型を思い浮かべ勝ちである。ところが、ユングのいうアーキタイプス（original model あるいは prototype）は複数であり、彼は、老賢者（the old wise man）や「太母」（the great mother）、その他、おびただしい数のアーキタイプスがあるというが、特に、パーソナリティの形成に重要な働きをするものとして、四つのアーキタイプスをあげる。略述すると重要な点を落すかもしれないが、第一に、「ペルソナ」（the persona）。これは、俳優がつけるマスクのようなものともいえるし、グループや社会の要求（習慣や法律）に応じようとするグループ・ペルソナもあり、一人の人間が一つ以上のマスクをもっている。パーソナリティにおけるペルソナの役割は、有害な場合と有益な場合との両方があるとユングは考えている。第二に、"the anima"と"the animus"（即ち、男性中の女性的内部個性、および、女性中の男性的内部個性）、第三に、「影」（the shadow, 人間の動物的本性、危険な要素と創造性、深い洞察力などの源泉)、および、第四に、「自己」(the self, 集合的無意識における中心的アーキタイプであり、パーソナリティの内部にあって人間の自己実現の道案内役をする)(Calvin S. Hall and Vernon J. Nordley : *A Primer of Jungian Psychology*, New American Library, 1973)。

私は、特に〝影〟アーキタイプの規定を興味深く思う。これは、人間の動物的本性を他のどのアーキタイプスよりも多く含んでいる。人間は、彼の本性の中の動物的側面を抑圧することによって、自己抑制のある人となるのであるが、同時に、そのことによって、人間の創造性、強いエモーショナルな感情、深い洞察力などの原動力が切断されることになるとユングは考えている。キリスト教の教えは〝影〟アーキタイプを抑圧しすぎる。そのために、キリスト教国の戦争は血なまぐさいのだと、スイスの改革派の牧師の息子であるユングがいうのは意味深長である。人間のインスピレーションは、常に〝影〟の働きによる。〝影〟アーキタイプは、活力、創造力などを人間に与えるものであって、〝影〟を拒否するとパーソナリティがしぼんでしまう。このように、〝影〟は動物性と共に活力や創造力の源になるところのアーキタイプであり、こうしたアーキタイプスが、自我と内界(無意識の領域)とを媒介する機能を果すというのである。

これは〝意識〟の領域の問題であるが、たとえば、人間の創造性と破壊性、神に従い、他者への愛に自らをささげる可能性をもちつつ、自らの意志で自己中心的に自己を絶対化する（キリスト教でいう罪）、こうした相対立する二つの可能性を内包するものこそ、まさに人間の「自由」だとするキリスト教の人間理解（たとえば Reinhold Niebuhr : *The Nature and Destiny of Man*）を考えてみると、それに相呼応するものを、ユングは、無意識の深層における〝影〟アーキタイプにとらえているようにも思える。ユングのパーソナリティの形成にかかわるアーキタイプスのとらえ方は、人間論の問題として重要な洞察を内包しているように思える。

3 「日本文化のかくれた形《かた》」考

日本思想史の深層に潜在する集団的無意識の領域の特質を考察しようとする時、ユングの集合的無意識の概念、および、アーキタイプスは重要な問題意識を提示してくれるように思える。日本文化の深層をユングの洞察と共に、更に奥深く、更に、人間論的イマジネーションをもって模索していくならば、そこには、人類的、普遍的価値にむかって自らを開き、発展を志向していくような創造的な生命力を内包させているといえるような可能性は不在であろうか。生の根源的規範性、秩序の泉の深所など、人類共通の巨大な精神的遺産といわれるような要素が、文化の深層に「かくれた形《かた》」として潜在しているという可能性はどうだろうか。

木下順二氏が発題して下さった世阿弥の「複式夢幻能」の興味深さに誘われて、『平家物語』を題材にした世阿弥の「複式夢幻能」を、門外漢の無鉄砲さでまさぐっていくと、そこには、ユングにつらなる、ある「かくれた形《かた》」が浮び上ってくるように思えるのである。

一四世紀から一五世紀にかけて世阿弥が創出し、完成させたといわれる複式夢幻能のうち、ことに、『平家物語』の中の悲劇の武将たちを素材とした夢幻能を、『日本古典文学大系』の『謡曲集』(岩波書店)の解説、その他に頼りながら、それらの謡曲をみてゆくとき、前場《まえば》と後場《のちば》とに対照的な二つの人間像、二つの人間観が描かれているように思える。一方、敗者(旅人＝遊子)が死後赴く恐ろしい古修羅の世界、血と妄執と怨念の世界、悪鬼の世界、陰惨な物狂《ものぐるい》の世界が描かれており、他方、争いと執着の現実を否定、克服した超越志向の世界、流離の魂を鎮魂にいざなう宗教的、求心的夢幻美の世界が描かれている。こうした二つの世界が、主人公の「変身」によって対置される。そして、こうした二つの世界観、対照的な二つの価値観が、複数の人間相互の間の対立としてではなく、一人の人間の内的緊張として描き出されているのである。そういう意味でダイナミックな人間ドラマが創出されていることに眼をみはらせられる。

この世の現実としての「修羅」と対置して、現実をこえたもう一つのリアリティともいうべき超越的価値が、『敦盛』においては「日頃は敵《かたき》 今はまたまことに法《のり》の友」としてとらえられ、一谷の合戦で討たれた『忠度《ただのり》』においては、「行き暮れて木の下蔭を宿とせば花や今宵の主《あるじ》ならまし」と仮寝の宿の主《あるじ》なる花に帰ることを志向しており、筑紫の戦に空しくなった『清経《きよつね》』は、「この世」を「旅」(つまり、仮りの宿)ととらえており、『実盛』は妄執の修羅の濁りを残さず、心の水の底清きを懺悔のうちに求めている。

日本文学の専門家によると、『平家物語』は、鎌倉時代の軍記物語であるが、成立年代、作者は未詳であり、語り物としての『平家物語』は、一人の作家による文学作品ではなく、琵琶歌などにうたわれつつ、多くの人々が書き加えて行ったものであり、わが国の古典文学中、稀にみる集団的性格をもつところの民族的文学だということである。そういう意味で、『平家物語』は土着の民族的、民衆的思想と心情を内包する作品とみてよいのであろう。

こうした『平家物語』の悲劇の武将の敗者の悲哀を材料としながら、一人の人間の意識に内在する二つの世界、血と妄執と怨念の現実的世界と、それの否定、即ち、自己否定をくぐった超越志向、永遠の超越的・普遍的価値につらなる世界、こうした二つの「かくれた形《かた》」が複式夢幻能のドラマにすくいあげられているように思えるのである。

世阿弥は、七十五歳で佐渡に流された時、そこから女婿の金春禅竹(鬼の能をお家芸とする大和猿楽の代表者)に、「鬼の能」についての彼の解釈を書き送っている。その中で、彼は、形心ともに鬼とする「力動風鬼」ではなく、「鬼」を形は鬼であるが、心は人とする「砕動風鬼」にかぎるとした(北川忠彦『世阿弥』中公新書、一八〇—一八一頁)。つまり、世阿弥は、鬼というのは、人間の執心、妄執によって生ずるものと解しているのであり、その執心の否定に永遠の平安を考えているわけである。ここにも、世阿弥の鋭い人間観がみられる。世阿弥が、「目で前を見ながら、心を自分の背後に置け」、「他人のまなざしをわがものとし、観客の目に映った自分を同じ目で眺め」(離見の見)、肉眼の及ばない身体のすみずみまで見とどけて、五体均衡のとれた優美な舞姿を保つことを説く時、それは、能の形象美の問題であると共に、自己の実存を、自己を超えた所から洞察するという、内観的人間把握の課題を、萌芽的であるにせよ、問うている姿が見出せるように思えるのである。

そして、それは、ユングの集合的無意識のアーキタイプス、たとえば、動物的、我執的側面と人間的洞察や創造性の側面とをもつ〝影〟アーキタイプの内包するものに通じるものが見事に、シンボリカルに、抽象されているように思えるのである。これはほんの一例である。

思想史研究の歩みにおける「日本文化のかくれた形《かた》」の模索は、まだ、いろいろの洞察とアプローチで以て試みられるべき課題ではないかと考えさせられるのである。

附記　これらの講演をテープからおこす作業には、国際基督教大学の学生、岩本祐生子、関尚子、林敏夫、木越純の諸君の協力を得た。そして、それぞれの講演者に加筆、訂正していただいた次第である。そのプロセスに相当時間を経過したことにより延引したが、ようやく出版にこぎつけることができた。また、本書の出版については、岩波書店編集部の大塚信一氏と高村幸治氏がお世話下さった。協力していただいたこれらの方々への感謝をここに申し述べたいと思う。

（一九八四・四・一〇）

岩波現代文庫版によせて

「日本文化のアーキタイプスを考える」をテーマとした研究会――連続講演会を国際基督教大学アジア文化研究所として開催したのは、一九八一年のことだから、はや二十三年がすぎた。そしてその記録が『日本文化のかくれた形《かた》』と題して岩波書店より出版されたのは一九八四年であり、その後、「同時代ライブラリー」として一九九一年に出版された。

これは、「まえがき」にも書いたように、日本文化、思想史を学ぶプロセスにあって、そのふところ深くに内包された内発的思考様式、いいかえれば、社会・文化・国民思想の深層にひそむ「集合的無意識」、あるいは「集団的無意識」ともいえる領域に、ある「かくれた形《かた》」(アーキタイプスともいえるもの)が見出せないか、そして、その本質を見きわめたい、それを発掘するアプローチ、方法を問いたい――こうしたねがいをもって思想史のセミナーなどで学生諸君と共に学んでいた頃の一つのプログラムであった。すぐれた三人の思想家が友情をもって御協力下さり、深い学問的考察と文化・思想のふところを透徹して見ぬく洞察とをもって興味深いお話をして下さったことが主たる要因で、本書は関心をもって受けとめられ、版を重ねてきたのであるが、この度、岩波現代文庫として出版されることとなり、編集部より、編者としての「あとがき」を求められた。

あの本が出版されたあと、学生や研究者のグループなど、いろいろの方々からこのテーマへの関心を示すお便りや電話などを多数いただいた。あの本のある部分を大学の入学試験問題に用いたとの報告をいただいたことも一再ならずあった。あるグループの方々からは、あのテーマをもっと展開させた話をしに来てほしいと幾度か求められたこともあったが、当時、大学の仕事の忙しさもあり、果せなかった。しかし、「日本文化のかくれた形《かた》」の課題は、私の思想史研究の歩みの一つの宿題として、その後もずっと私をつき動かし続けている。

どの民族の文化、どの文化圏のそれにおいても同様だと思うのであるが、内発的思考様式の特質をまさぐる時、そこには、アンビヴァレントな要素――両義性をもつ要素がからみあって内包されているように思える。内発的であるが故に手放しに肯定的要素としてとらえることも、また、非合理的なもの、否定的要素とすることも適当ではないように思える。そうした異なった可能性が分ちがたくからみあっているのが現実のように思えるからである。

である。

民族文化の深層、即ち、集合的、あるいは、集団的無意識の領域は、トマス・マンが、フロイトの第八十回の誕生日記念講演「フロイトと未来」において、トマス・マン自身の神話小説『ヨゼフとその兄弟たち』(*Joseph und seine Brüder*, 1933-43)とユングとを関連づけて語る中で、「『深層』という語は時間的な意味をもっている」というと共に、更に、「人間の魂の深部は同時に太古であり、神話の故郷であり、生の根源的規範と生の原形が基礎を置いているところの、あの泉の深部」といっているような領域だともいえると思える。また、そこには、ユングの「影アーキタイプ」が示すような、人間の動物的本性、活力にみちると共に危険でさえもある要素と、永遠の創造性の母ともいうべき要素との両方が内包されているともいえよう。そして、そこには、私どもの意識が欠落させているところの、重要なあるもの、意識にとっての不可欠の協力者、創造性の泉ともいうべきものが埋蔵されており、それに気づき、それを解読するよう、私どもにむかって、ある「メッセージ」を送りつづけている深層が内包されているようにも思える。

意識において「超越者」(神)として、あるいは、「普遍的、超越的なるもの」として把握し、私どもを、私ども自身を超えたところから客観的、批判的に認識させるところの自己超越の発想の拠り所、その根は、全人類に共通な無意識の深所にある根源的規範の泉につながるものであるかもしれない。

こうした「かくれた形」の問いは、特殊日本文化にのみ限定して問う課題ではないのではないかとも考えさせられる。人類社会が、自己絶対化と自己絶対化のぶつかりあいによる分解へと崩落してゆくことなく、「新しい超越的、普遍的価値」につながる「泉」をそれぞれの民族の文化の集合的、集団的無意識の深層から発掘する仕事は、未来にむかっての人類的共同作業ではないかとも考えさせられる。このような課題の重要さをますます切実に感じさせられる今日このごろである。

「日本文化のかくれた形《かた》」を模索するいとなみは、こうした人類的作業の小さな一端にあずかる仕事のようにも、私には思えるのである。

この度、岩波現代文庫の一つとして出版されるに際し、故丸山真男氏の助言もあったので、「あとがきにかえて」とサブタイトルをつけていた筆者執筆の部分を、この版では「Ⅳ」とし補論とした。いろいろお世話下さった岩波書店編集部の大山美佐子氏に感謝する。

二〇〇四年八月

武田清子

本書は一九八四年七月、岩波書店より刊行された。
底本には同時代ライブラリー版(一九九一年十月、岩波書店)を用いた。

日本文化のかくれた形《かた》

2004年9月16日　第1刷発行
2009年2月16日　第3刷発行

著　者　加藤周一《かとうしゆういち》　木下順二《きのしたじゆんじ》
丸山真男《まるやままさお》　武田清子《たけだきよこ》

発行者　山口昭男

発行所　株式会社　岩波書店
〒101-8002 東京都千代田区一ツ橋 2-5-5

案内 03-5210-4000　販売部 03-5210-4111
現代文庫編集部 03-5210-4136
http://www.iwanami.co.jp/

印刷・精興社　製本・中永製本

ISBN 4-00-600128-2　　Printed in Japan

岩波現代文庫の発足に際して

新しい世紀が目前に迫っている。しかし二〇世紀は、戦争、貧困、差別と抑圧、民族間の憎悪等に対して本質的な解決策を見いだすことができなかったばかりか、文明の名による自然破壊は人類の存続を脅かすまでに拡大した。一方、第二次大戦後より半世紀余の間、ひたすら追い求めてきた物質的豊かさが必ずしも真の幸福に直結せず、むしろ社会のありかたを歪め、人間精神の荒廃をもたらすという逆説を、われわれは人類史上はじめて痛切に体験した。

それゆえ先人たちが第二次世界大戦後の諸問題といかに取り組み、思考し、解決を模索したかの軌跡を読みとくことは、今日の緊急の課題であるにとどまらず、将来にわたって必須の知的営為となるはずである。幸いわれわれの前には、この時代の様ざまな葛藤から生まれた、人文、社会、自然諸科学をはじめ、文学作品、ヒューマン・ドキュメントにいたる広範な分野のすぐれた成果の蓄積が存在する。

岩波現代文庫は、これらの学問的、文芸的な達成を、日本人の思索に切実な影響を与えた諸外国の著作とともに、厳選して収録し、次代に手渡していこうという目的をもって発刊される。いまや、次々に生起する大小の悲喜劇に対してわれわれは傍観者であることは許されない。一人ひとりが生活と思想を再構築すべき時である。

岩波現代文庫は、戦後日本人の知的自叙伝ともいうべき書物群であり、現状に甘んずることなく困難な事態に正対して、持続的に思考し、未来を拓こうとする同時代人の糧となるであろう。

（二〇〇〇年一月）

岩波現代文庫［学術］

G197
源氏物語　大野晋
五四巻の物語が巻数順に執筆されていないことは、何を意味するか。ほのかな言葉遣いから主題の展開をどうつかむか。画期的源氏論。〈解説〉丸谷才一

G198
国際政治史の理論　高橋進
権威主義体制、開発独裁、国家の生成と機能、古典的権力政治、帝国主義という五つのテーマについて、長年の研究を集成する。

G199-200
明治精神史（上）（下）　色川大吉
大学紛争が全国的に展開し、近代の価値が厳しく問われた時代に刊行され、大きな共感をよんだ、戦後歴史学・思想史の名著。〈解説〉花森重行

G201
スルタンガリエフの夢　―イスラム世界とロシア革命―　山内昌之
ロシア革命がはらむ西欧中心主義の限界をいち早く見抜いていたスルタンガリエフ（一八九二―一九四〇）。その「ムスリム民族共産主義」を詳説。〈解説〉中島岳志

G202
定本 日本近代文学の起源　柄谷行人
明治二十年代文学における「近代」「文学」「作家」「自己」という装置それ自体を再吟味する。古典的名著を全面改稿した決定版。

2009. 1

岩波現代文庫［学術］

G203
新版 地球進化論
松井孝典

いかなる偶然によって、地球は生命を育む天体となりえたのか。地球の起源、海の誕生、大気の進化など、近年の研究成果を踏まえ考察する。

G204
民衆の大英帝国
―近世イギリス社会とアメリカ移民―
川北稔

一七・一八世紀イギリス社会の貧民層にとって、帝国の形成は何を意味したか。人の行き来の側面から大英帝国をヴィヴィッドに描きだす社会史。

G205
自我の起原
―愛とエゴイズムの動物社会学―
真木悠介

生命史における「個体」発生とその主体化の画期的意義とは何か。遺伝子理論・動物行動学等の成果から「自我」成立の前提を解明する。〈解説〉大澤真幸

G206
近代日中関係史断章
小島晋治

アヘン戦争以後の日本と中国の歴史がどのようにからみあい、両国国民はお互いをどう認識したかをさぐる比較近代思想史の試み。

G207
広告の誕生
―近代メディア文化の歴史社会学―
北田暁大

広告とは何か。日本近代のメディア・消費文化の生成から検討し、その社会的意味と「ねじれた」政治性を浮き彫りにする力作論考。〈解説〉遠藤知巳

G208
私はどうして私なのか
―分析哲学による自我論入門―

大庭 健

自分がいる、とはどういうことなのか?「私」とは何?「あなた」がいて「私」がいる意味を、分析哲学の手法で鮮やかに検証する。〈解説〉香山リカ

G209
マッド・マネー
―カジノ資本主義の現段階―

スーザン・ストレンジ
櫻井公人
櫻井純理
髙嶋正晴 訳

世界金融危機をどう認識するか。前著『カジノ資本主義』でカジノ化した市場に警鐘を鳴らした著者が、「マッド」になった市場を告発する。

2009. 1